河北省社会科学基金项目（项目批准号：HB20TJ004）

基本公共服务均等化评价研究

以河北省为例

孙　娜　刘政永　冯小翠◎著

九州出版社
JIUZHOUPRESS

图书在版编目（CIP）数据

基本公共服务均等化评价研究：以河北省为例／孙娜，刘政永，冯小翠著 . -- 北京：九州出版社，2025. 1. -- ISBN 978-7-5225-3551-7

Ⅰ . D669.3

中国国家版本馆 CIP 数据核字第 2025KM0983 号

基本公共服务均等化评价研究：以河北省为例

作　　者	孙　娜　刘政永　冯小翠　著
责任编辑	蒋运华
出版发行	九州出版社
地　　址	北京市西城区阜外大街甲 35 号（100037）
发行电话	（010）68992190/3/5/6
网　　址	www.jiuzhoupress.com
印　　刷	唐山才智印刷有限公司
开　　本	710 毫米×1000 毫米　16 开
印　　张	14
字　　数	210 千字
版　　次	2025 年 1 月第 1 版
印　　次	2025 年 1 月第 1 次印刷
书　　号	ISBN 978-7-5225-3551-7
定　　价	68.00 元

目 录
CONTENTS

第一章

导　论

第一节　基本公共服务均等化的研究背景与意义

一、研究背景

习近平总书记在党的十九大报告中明确指出："中国特色社会主义进入新时代，我国社会主要矛盾已经转化为人民日益增长的美好生活需要和不平衡不充分的发展之间的矛盾。"就基本公共服务而言，社会公众对于公共服务需求的增长与公共服务供给数量和质量不足，社会公众对于公共服务需求的多元化与公共服务供给主体和供给方式的单一性，已经成为公共服务"需求—供给"所面临的两对主要矛盾；而城乡之间、地区之间基本公共服务供给的显著差异则成为影响城乡之间、区域之间公共服务均衡协调发展的主要障碍。区域之间与社会群体之间所能享受的基本公共服务的显著差异不仅影响社会公众的基本生活，同时也影响社会的和谐稳定以及服务型政府的建立。面对复杂的社会现实与发展环境，中国共产党和中国政府将全面深化改革作为中国特色社会主义事业的基本路径，将"创新、协调、绿色、开放、共享"作为全新的发展观念，整合公平正义等现代价值，以人民福祉与人民获得感为基本依归，提出了持续推进基本公共服务均等化的发展目标,为中国未来的可持续发展描绘出了宏伟的蓝图。

(一)基本公共服务均等化的提出旨在解决改革发展中复杂的社会问题

中共十六届六中全会通过的《中共中央关于构建社会主义和谐社会若干重大问题的决定》,首次提出了"基本公共服务均等化"的改革理念,要求"加大财政在教育、卫生、文化、就业再就业服务、社会保障、生态环境、公共基础设施、社会治安等方面的投入"。这表明党和国家对改革开放以来涉及教育、卫生、文化以及社会保障等方面的基本公共服务非均等化问题有了清晰而深刻的认识。基本公共服务均等化是指全体公民都能公平可及地获得大致均等的基本公共服务,是实现共同富裕的基础保障,关乎人民的幸福安康、国家的长治久安以及社会的和谐稳定,也是推进经济社会协调发展、建设中国特色社会主义的重要战略举措。

(二)基本公共服务均等化是党的执政理念,是实现共同富裕的基本着力点

继中共十六届六中全会提出"基本公共服务均等化"这一概念之后,党的十七大报告中进一步提出:"围绕推进基本公共服务均等化和主体功能区建设,完善公共财政体系。"党的十八大报告中指出,基本公共服务体系是中国特色社会主义社会管理体系的重要组成部分,"必须加快形成政府主导、覆盖城乡、可持续的公共服务体系"。党的十九大报告中将"基本公共服务均等化基本实现"作为从 2020 年到 2035 年的发展目标,进一步明确了从"总体实现"到"基本实现"的行动计划和行动路线,提出了更具前瞻性的发展思路和更加务实的发展目标。实现基本公共服务均等化的关键是推进基本公共服务的标准化,以标准化的手段优化资源配置、规范服务流程、提升服务质量、明确权责关系、创新治理方式,确保全体公民都能公平可及地获得大致均等的基本公共服务,从而切实提高人

民群众的获得感、幸福感和安全感。这一系列的举措表明，基本公共服务均等化已经成为全面深化改革、推动经济社会建设的重要目标，并发展成为中国共产党人民至上执政理念的核心体现。

共同富裕既是社会主义的本质要求，也是社会主义现代化的重要特征，更是人民群众的共同期盼。党的十八大以来，党中央把逐步实现全体人民共同富裕摆在更加重要的位置上，习近平总书记反复强调："消除贫困、改善民生、实现共同富裕是社会主义的本质要求。"① 党的十九届五中全会把"全体人民共同富裕迈出坚实步伐"作为2035年国民经济和社会发展的远景目标之一，并将基本公共服务均等化作为实现共同富裕的重要内容。中央财经委员会第十次会议也把促进基本公共服务均等化作为扎实推动共同富裕的重要任务。这表明，实现共同富裕是促进基本公共服务均等化的价值目标，促进基本公共服务均等化是实现共同富裕的基本着力点。

（三）推进基本公共服务均等化是加快建设服务型政府的必然选择

十届全国人大二次会议上，温家宝提出要把政府办成一个服务型的政府。党的十六届六中全会上第一次对建设服务型政府作出了明确要求，指出要加强社会管理和公共服务职能。服务型政府应是民主参与的政府，服务是其核心和基础，全心全意为公众服务是服务型政府的根本体现，一切从公众的基本需求和利益出发，并为公众参与提供各种信息和渠道。实现基本公共服务均等化是构建服务型政府的一项重要任务，要强化政府公共服务的职能，有效发挥政府在基本公共服务中的主体地位和主导作用。建设适应基本公共服务均等化要求的服务型政府是现代政府的基本目标要求，也是各级政府都应恪守的价值观和各级政府的执政理念。因此，推进基本公共服务均等化作为社会主义市场经济条件下政府职能转变的必然结

---

① 习近平. 在全国脱贫攻坚总结表彰大会上的讲话［N］. 人民日报，2021-02-25.

果，体现了当今政府对公众追求自身平等权益的尊重和进行民生建设的责任担当。

二、研究意义

基本公共服务均等化是党和国家治国理政的重要目标，也是中华民族走向伟大复兴的战略支撑。

（一）推进基本公共服务均等化有利于缓解社会矛盾

基本公共服务均等化是公民享有的基本权利，指的是全体公民享受基本公共服务，如义务教育、公共卫生与基本医疗、基本社会保障等的机会均等、结果大体相同，并尊重社会成员的自由选择权。当前，我国政府提供的公共医疗、义务教育、最低保障等基本公共产品和公共服务在地区以及城乡之间存在较大的差异。基本公共服务供给的失衡使部分群体最基本的生存权和发展权得不到保障，加大了社会不公正的程度，激化了社会的矛盾。这种状况与我们当前所倡导的以人为本、科学发展的理念是不相符的。基本公共产品和公共服务的提供不仅仅是一个福利性的问题，更重要的是以政府为主体参与国民收入再分配的一种经济活动，是对整体社会利益结构的合理调节。因此，推进基本公共服务均等化是缓解社会矛盾、实现和谐发展的现实需要，它对于维护社会公平正义、确保人民群众共享发展成果，有着重大的政治和经济意义。

（二）推进基本公共服务均等化有利于缩小居民消费差距

当前我国居民消费差距主要表现在城乡差距和地区差距等方面，而城乡和地区之间的基本公共服务非均等化现象又是拉大居民消费差距的重要原因。收入差距的存在导致了消费水平的不同。当前我国收入分配差距仍然处于高位，其负面影响也逐步显现，随着我国社会主要矛盾的转换，进一步缩小收入分配差距的必要性和紧迫性更加凸显。缩小收入分配差距、实现收入分配公平是改善民生、实现发展成果由人民共享最重要最直接的方式。为此，政府要履行好再分配调节职能，加快推进基本公共服务均等化，缩小因基本公共服务非均等化所造成的城乡之间和地区之间的居民收入分配及消费差距，并最终提升消费增长动力和潜力。

（三）推进基本公共服务均等化有利于促进社会和谐与稳定

《"十三五"推进基本公共服务均等化规划》指出："享有基本公共服务是公民的基本权利，保障人人享有基本公共服务是政府的重要职责。推进基本公共服务均等化，是全面建成小康社会的应有之义，对于促进社会公平正义、增进人民福祉、增强全体人民在共建共享发展中的获得感、实现中华民族伟大复兴的中国梦，都具有十分重要的意义。"这段论述表明，推进基本公共服务均等化不仅能够通过平等地满足人的需求，将对社会公正与人民幸福生活的价值追求完美融合，而且按照维护社会公平、正义的执政理念，推进基本公共服务均等化，还有利于缩小基本公共服务的城乡和地区差距，使全民共享政府提供的公共利益，有利于实现公共性的利益和谐、文化和谐与社会和谐，促进整个社会的和谐与稳定。

第二节 基本公共服务均等化的研究现状述评

一、国外研究现状

关于公共服务均等化内涵方面的研究，国外学者多是从"公平"与"均衡"两个角度去理解公共服务均等化的内涵。Riccardo 等将公共服务理解为政府提供的具有"公共属性"的公共产品和价值产品的总称，主要

包括公共安全、公共经济服务以及公共社会服务等相关内容①。Broadbent
则在其著作中详细阐述了公共服务的具体内涵和设计范围，并进一步提出
理想中的公共服务是什么，政府部门应该如何有效提供等问题②。

关于公共服务供给模式的研究，西方学者的研究领域主要涉及供给主
体及供给机制两个方面。有关供给主体的相关研究，有学者提出市场供给
与政府供给是目前公共服务主要的两大供给主体，此外，也有部分私营部
门和第三部门参与到公共服务供给中。有关供给机制方面的研究，西方学
者主要从经济学角度探讨政府、市场和私营部门在提供公共服务的效率方
面的优劣，并结合各自国家的实际情况，采取不同的供给机制。如美国和
法国在确保最低保障的同时，更侧重于市场主导型的供给机制；英国等国
家在公共服务供给方面，国家承担了更大的责任，确保全民普遍享有一定
水平的社会保障；而新加坡、俄罗斯等国家则更多地强调个人在社会保障
中所发挥的主体责任，通过国家立法等强制手段要求个人和家庭进行自主
积累，以达到一定程度的供给。

关于公共服务实证方面的研究，西方学者的相关研究主要集中在以区
域为限定范围进行的公共服务测评、单独对公共服务某一类别进行的水平
测度以及整体公共服务的综合评价三个方面。Boyne G 等人将公共服务需
求、权利和努力程度作为评价标准对英国的公共服务均等化情况进行了研
究③。Costa-Font J 等人利用回归方程实证分析了西班牙中央、自治区和地

① Riccardo Fiorito, Tryphon Kollintzas. Public goods, merit goods, and the relation between pri-
vate and government consumption [J]. European Economic Rewiew, 2004, 48 (6):
1367—1398.
② Broadbent J. Reclaiming the ideal of public service [J]. Public Money & Management, 2013,
33 (6): 391—394.
③ Boyne G, Powell M, Ashworth R. Spatial equity and public services: An empirical analysis of
local government finance in England [J]. Public Management Review, 2001, 3 (1): 19—
34.

方政府在人均医疗支出、支出比重等方面的区域差异①。Kim S 等人创新性地提出了一个公共服务测算标准和方法，并运用该方法对公共服务的组成结构进行了分析②。

关于公共产品理论、财政分权理论及财政均等化问题的研究，国外学者十分注重公共财政对基本公共服务均等化的影响，普遍主张通过财政均等化来促进基本公共服务均等化，而财政均等化研究的理论渊源主要是公共产品理论和财政分权理论。Paul A. Samuelson 等经济学家认为，公共产品的特性决定其应该主要由政府供给，因为市场存在缺陷不能有效提供③。Tiebout 等人进一步提出地方公共产品的供给和财政分权问题④。经济学家Buchanan 主张政治决策过程和机制的重要性，提出优良的政府结构有助于提高公共产品的配置效率⑤。在此基础上，新公共服务理论通过强调普遍权利和服务理念，主张通过政府、私人、非营利机构的共同治理为公民提供更好的公共服务。

二、国内研究现状

与国外学者相比，国内学者对基本公共服务均等化的相关研究起步较晚，主要集中于党的十六届五中全会以后。近年来，关于基本公共服务均等化的研究成果十分丰富，取得了诸多进展，主要集中在以下方面。

---

① Costa-Font J, Rico A. Devolution and the interregional in equalities in health and healthcare in Spain [J]. Regional Studies , 2006, 40 (8): 875—887.

② Kim S, Vandenabeele W, Wright B E, et al. Investigating the Structure and Meaning of Public Service Motivation across Populations: Developing an International Instrument and Addressing Issues of Measurement Invariance [J]. Journal of Public Administration Research and Theory, 2013, 23 (1): 79—102.

③ Samuelson P A. The pure theory of public expenditures [J]. The Review of Economics & Statistics, 1954, 36 (4): 387—389.

④ Tiebout C. A. Pure Theory of Clubs [J]. American Economics Review, vol2, 1956.

⑤ Buchanan J M. An Economic Theory of Clubs [J]. Wiley, 1965, 32 (125) .

　　关于公共服务均等化内涵方面的研究，国内学者虽然进行了大量的研究，但并没有形成统一的认识，主要体现在对公共服务的范畴理解和均等化的价值判断两个方面还存在差异。政府为满足社会公共需要而提供的产品与服务的总称是学术界对公共服务的普遍理解。徐小青认为公共服务是一种公共物品，并通过相应的信息、技术以及劳务等多种服务形式表现①。刘尚希主要从消费的角度对公共服务进行诠释，认为公共服务是政府为促进居民的基本消费水平所采取的一系列公共行为②。李剑等对现阶段我国公共服务的主要内容进行了界定，包括义务教育、公共卫生和基本医疗、基本社会保障、公共就业服务等③。

　　关于公共服务供给模式方面的研究，我国学者的相关研究也经历了由政府单一供给、政府主导供给逐步向多元化供给模式转变的过程，对于由政府、社会、市场等构成的多元供给模式达成普遍共识。此外，随着信息时代的到来，对于大数据驱动的公共服务供给模式的相关研究也日益增多。应用大数据有利于改进公共服务的供给手段和供给内容，提高公共服务供给的有效性，并有利于政府的公共服务监管。此外，应用大数据还有利于对公共服务供给过程的实时监控和动态化管理，有利于对公共服务供给主体进行更加准确的绩效评价，特别是外部绩效评价。

　　关于公共服务均等化实证方面的研究，国内学者的研究领域主要集中在公共服务非均等化的成因分析、公共服务各单项（教育、医疗、体育等）问题的讨论以及区域视角下的公共服务非均等化问题的探讨几个方面。肖建华将公共服务非均等化成因概括为公共品的效率问题、外溢性与

---

①　徐小青．中国农村公共服务［M］．北京：中国发展出版社，2022.
②　刘尚希．中国：消费率、经济脆弱性与可持续风险［J］．财政与发展，2009（02）：9—16.
③　李剑，王妤．分类逐步推进基本公共服务均等化［J］．企业经济，2009（06）：106—108.

行政区域间的矛盾问题以及公共品特征的可变性等几个方面[①]。李雪萍对公共服务中的社会保障问题进行了专项研究，并提出了非均等化问题的实质[②]。王悦荣运用人口加权的区域差异分析工具和改进优化的熵权 TOPSIS 法，对我国地级以上城市基本公共服务空间差异、均等化和能力差异进行了实证分析，结果显示，我国地级以上城市基本公共服务均等化程度很低，处于非均等和极为不均等状态[③]。汪利锬对我国的 31 个省、自治区和直辖市的公共服务支出差异进行了分析，并运用面板趋同模型方法定量分析公共服务支出与财政转移支付之间的关系[④]。

基本公共服务均等化受一系列因素的影响，因此各地基本公共服务均等化存在差异。许多学者运用各种方法对此进行了研究。一些学者构建基本公共服务均等化指标体系对基本公共服务均等化进行测度[⑤]；一些学者利用泰尔指数和熵值法对基本公共服务均等化进行测度[⑥]；一些学者对基本公共服务均等化利用变异系数的方法进行测度。有的学者分析了我国东中西部基本公共服务均等化情况[⑦]；有的学者分析四川省[⑧]、云南省[⑨]基本公共服务均等化情况；一些学者利用灰色关联法对河南省及全国基本公共

① 肖建华，刘学之. 有限政府与财政服务均等化 [J]. 中央财经大学学报，2005（06）：6—10.
② 李雪萍，刘志昌. 基本公共服务均等化的区域对比与城乡比较——以社会保障为例 [J]. 华中师范大学学报（人文社会科学版），2008（03）：18—25.
③ 王悦荣. 城市基本公共服务均等化及能力评价 [J]. 城市问题，2010（08）：9—16.
④ 汪利锬. 地方政府公共服务支出均等化测度与改革路径——来自 1995—2012 年省级面板数据的估计 [J]. 公共管理学报，2014，11（04）：29—37，140.
⑤ 林闽钢，王增文. 区域性基本公共服务均等化评估研究——以江苏省为例 [J]. 城市发展研究，2013，20（03）：23—26，30.
⑥ 杨永森，赵琪，李亚青. 山东省基本公共服务均等化测度及空间格局分析 [J]. 山东农业大学学报（社会科学版），2017，19（02）：69—76，126.
⑦ 马昊，曾小溪. 我国基本公共服务均等化的评价指标体系构建——基于东中西部代表省份的实证研究 [J]. 江汉论坛，2011（11）：23—25.
⑧ 戚学祥. 省域基本公共服务均等化指标体系建构及其运用——基于四川省的实证研究 [J]. 经济体制改革，2015（02）：58—63.
⑨ 徐晶，罗宏翔. 云南省基本公共服务均等化实证研究 [J]. 经济界，2012（05）：78—82.

服务均等化进行分析①。

许多学者在对基本公共服务均等化进行测度的同时，也对基本公共服务均等化空间分布及差异进行了研究。马慧强系统分析了地级以上城市的基本公共服务情况，刻画了其时空差异与特征②；在对陕西省农村基本公共服务设施均等化测度的基础上，王肖惠对陕西省农村基本公共服务设施的时空差异特征进行了分析③；杨帆分析了新疆基本公共服务时空差异特征，并探究其背后的原因④；赵林通过构建健康距离模型对东北基本公共服务时空差异特征进行了分析⑤。

近年来，很多学者对河北省基本公共服务均等化的有关问题展开了研究。习亚哲对河北省城乡在义务教育、医疗卫生、社会保障制度、基础设施以及公共文化服务五个方面存在的现实差距进行了阐述，主要针对影响河北省城乡之间基本公共服务均等化的制度进行了分析，提出要彻底破除城乡二元经济结构，实现财政投入城乡均等，保障基本公共服务均等化⑥。张茜等认为河北省城乡基本公共服务存在的问题主要有公共资源分配不均等，农村基本公共服务供给不足以及公众参与度低等，就此提出实现政府基本公共服务标准化，并进一步完善基本公共服务体系⑦。陈会然对河北

---

① 王新民，南锐. 基本公共服务均等化水平评价体系构建及应用——基于我国31个省域的实证研究 [J]. 软科学，2011，25 (07)：21—26.

② 马慧强，韩增林，江海旭. 我国基本公共服务空间差异格局与质量特征分析 [J]. 经济地理，2011，31 (02)：212—217.

③ 王肖惠，杨海娟，王龙升. 陕西省农村基本公共服务设施均等化空间差异分析 [J]. 地域研究与开发，2013，32 (01)：152—157.

④ 杨帆，杨德刚. 基本公共服务水平的测度及差异分析——以新疆为例 [J]. 干旱区资源与环境，2014，28 (05)：37—42.

⑤ 赵林，张宇硕，张明，等. 东北地区基本公共服务失配度时空格局演化与形成机理 [J]. 经济地理，2015，35 (03)：36—44.

⑥ 习亚哲. 城乡基本公共服务供给差距表现、制度困境及解决对策——以河北省为例 [J]. 经济研究参考，2015 (09)：71—76.

⑦ 张茜，耿晓，马正英. 政府基本公共服务标准化——以河北城乡基本公共服务为例 [J]. 中国管理信息化，2015，18 (01)：219—220.

省基本公共服务均等化进行了实证分析，从投入和产出两个角度构建评价指标体系，包含教育、医疗卫生、社保就业、文化、生态环境和基础设施六个子系统，并提出通过发展经济、完善转移支付机制、强化政府服务意识等措施来推进河北省基本公共服务供给水平均等化[1]。

三、国内外研究现状述评

通过以上对国内外相关研究现状的梳理我们不难发现，有关公共服务均等化问题的研究已经十分深入，理论基础研究较深厚，研究内容和研究范围也在不断拓展，这些都为本书的研究奠定了较好的理论和实践基础。其中，西方发达国家政府的基本政策、价值取向与制度安排在一定程度上均体现出基本公共服务均等化的色彩，反映了相关研究成果在现实政策中的具体应用。

目前，我国学界对基本公共服务均等化的研究已经取得了丰硕的成果，形成了一套较为完整的体系。从广度上来看，基本公共服务均等化已经成为一项多学科互相交叉、互相补充的研究课题。从深度上来看，国内学者已经从基本公共服务均等化的一般理论探讨，转为关注基本公共服务均等化的测算、地域文化差异对均等化效果所带来的影响等具体问题，对不同社会群体之间、不同类型的基本公共服务之间的研究都有所涉及，并形成了一批较有影响力的成果。

但我们不难发现，我国学界对基本公共服务均等化的研究也存在着一些局限和不足。首先，在对城乡基本公共服务均等化的对比研究方面，缺乏对城乡自身发展特点的深度挖掘以及从受众群体特点、公共服务供给成本等角度进行的分析和阐述；其次，大部分研究趋于同质化，在对公共服务进行测量时，指标体系的构建也逐步趋同，基本采用的都是定量指标，

---

[1] 陈会然. 河北省基本公共服务均等化实证研究［D］. 燕山大学，2019.

缺乏对定性指标的考量；最后，我国对基本公共服务法治建设的研究起步较晚，成果也相对较少，虽然许多学者都强调立法对于实现基本公共服务均等化的重要性，并呼吁通过法治建设来推动公共服务体系的建设，但目前大部分成果也仅仅停留在提供思路的阶段，并未对立法内容、执行方式、监督机制等内容展开深入的探讨。

通过上述相关文献研究的综述，我们可以看出，基本公共服务均等化的研究文献较多，这为本书的研究打下了坚实的基础。同时我们也发现一些亟需补充完善拓展的地方。一是单一或几个方面的研究多，系统研究较少，本书依据《河北省"十三五"推进基本公共服务均等化规划》，建立八个方面的基本公共服务均等化评价指标体系；二是城乡间、省域间研究较多，省域内研究较少，特别是河北省研究缺乏，这为本书的研究提供了拓展的空间。

第三节　研究内容、方法及创新点

一、研究内容

本书依循提出问题、分析问题和解决问题的思路，对河北省公共服务均等化问题进行了系统的阐述、分析和创新研究。本书以河北省的基本公共服务均等化为研究对象，首先对基本公共服务均等化相关概念、内涵及理论进行界定与分析；其次，对河北省基本公共服务均等化现状、问题、区域差异及基本医疗卫生服务均等化差异进行分析；再次，依据《河北省"十三五"推进基本公共服务均等化规划》，建立八个方面的基本公共服务均等化评价指标体系，运用全局熵值法对河北省基本公共服务均等化进行测度，并运用时空对比方法、空间分析法、泰尔指数法及 ArcGIS 工具等，对河北省基本公共服务均等化时空演变特征进行分析；从次，在对基本公共服务均等化影响因素理论分析的基础上，利用 SDM 和 SEM 空间计量模型对河北省基本公共服务均等化的空间溢出因素及效应进行实证分析，探究影响河北省基本公共服务均等化的因素；最后，结合前面理论和实证分析，从完善基本公共服务均等化的财政保障机制、人才保障机制、需求导向机制和设施机制等四个方面提出推进河北省基本公共服务均等化的对策建议。

二、研究方法

本书主要采取以下研究方法。

1. 时空对比分析法。时间上，对河北省不同年份的基本公共服务均等化时空差异进行分析；空间上，对河北省各地基本公共服务均等化时空差异进行分析。

2. 全局熵值法、ArcGIS、泰尔指数法。运用全局熵值法对河北省基本公共服务均等化进行测度；运用 ArcGIS 工具动态刻画河北省基本公共服务均等化时空演变规律，分析其时空分异特征；运用泰尔指数对河北省基本公共服务均等化区域差异进行分析。

本书采用以地区人口比重加权计算的泰尔 L 指数，公式如下：

$$T = \sum_{i=1}^{11} \left\{ \frac{S_{ij}}{S} \ln \left(\frac{\frac{S_{ij}}{S}}{\frac{P_i}{P}} \right) \right\}$$

其中，i＝1，2，…，11；j＝1，2，…，8。S_{ij} 为 i 市第 j 个指标的公共服务水平，S 为河北省 j 指标的公共服务水平。P 为河北省地区总人口，P_i 为 i 市人口数量。

3. 空间计量模型。利用 SDM 和 SEM 空间计量模型分析影响河北省基本公共服务均等化的空间溢出因素及效应，为后续政策建议提出提供依据。

三、创新点

本书研究的创新点，主要体现在以下几个方面。

1. 丰富完善省域内基本公共服务均等化时空分异与空间效应研究。相关文献研究更多集中在区域、城乡基本公共服务均等化研究，关于时空分异和空间效应研究较少，特别是河北省基本公共服务均等化时空差异研究更少。通过本书的研究能够进一步丰富完善省域基本公共服务均等化时空差异研究。

2. 进一步拓展基本公共服务均等化测度方法的应用范围。泰尔指数法主要应用在全国、区域方面，本书使用泰尔指数法对河北省基本公共服务均等化各地之间时空差异及时空特征进行分析，并利用空间计量模型进行空间溢出因素和效应分析，拓展基本公共服务均等化测度方法的应用范围。

第二章

基本公共服务均等化内涵及理论

基本公共服务均等化由"基本公共服务"和"均等化"两个基本概念复合而成,因而进行基本公共服务均等化研究,首先要明晰"基本公共服务"以及"均等化"的内涵,并从理论层面上将基本公共服务均等化所涉及的问题进行相应的探讨和分析。

第一节 基本公共服务均等化的相关概念及内涵

一、基本公共服务

"基本公共服务"与"公共服务"是两个不同层次的概念,公共服务包含了基本公共服务和非基本公共服务的全部内容;而基本公共服务则是从公共服务延伸出来的子概念,所涉及的仅仅是公共服务中特定的部分。按照国务院颁布的《国家基本公共服务体系"十二五"规划》的界定,所谓基本公共服务是指建立在一定社会共识基础上,由政府主导提供的,与经济社会发展水平和阶段相适应,旨在保障全体公民生存和发展基本需求的公共服务。

基本公共服务包括三个基本点:一是保障人类的基本生存权(或生存

的基本需要），为了实现这一目标，需要政府及社会为每个人提供基本就业保障、基本养老保障、基本生活保障等；二是满足基本尊严（或体面）和基本能力的需要，需要政府及社会为每个人都提供基本的教育和文化服务；三是满足基本健康的需要，需要政府及社会为每个人提供基本的健康保障。基本公共服务的范围一般包括保障基本民生需求的教育、就业、社会保障、医疗卫生、计划生育、住房保障、文化体育等领域的公共服务。从广义上来看，基本公共服务还包括与人民生活环境紧密关联的交通、通信、公用设施、环境保护等领域的公共服务，以及保障安全需要的公共安全、消费安全和国防安全等领域的公共服务。随着经济的发展和人民生活水平的提高，社会基本公共服务的范围会逐步扩大，水平也会逐步提高。

享有基本公共服务是公民的基本权利，保障人人享有基本公共服务是政府的重要职责。习近平总书记多次强调，要做好普惠性、基础性、兜底性民生建设，健全完善国家基本公共服务体系，全面提高公共服务共建能力和共享水平。

二、均等化

均等化与平均化不同，平均化属于一刀切，也就是对于全体，不区别个体。均等化则允许个体与个体之间有差距，但在执行过程中尽量缩小它们的差距。在基本公共服务领域，均等化并不等于绝对平均化，并不是强调所有公民都享有完全一致的基本公共服务，而是在承认地区、城乡、人群存在差别的前提下，无论性别、种族、老幼、城乡，作为公民都享有一定标准之上的基本公共服务。

目前，学界对"均等化"的理解形成了较为一致的观点，即无论居住在城市还是乡村的居民，每个人所享受到的基本公共服务在数量和质量上都应大体相同或相近。均等的内容应该包含两个方面：一是居民享有公共服务的机会均等，如公民都有平等享受教育的权利；二是居民享受公共服务的结果均等，如每一个公民无论住在城市还是乡村，享受的义务教育和医疗救助等公共服务，在数量和质量上都应大体相等。

2012 年，国务院颁布的《国家基本公共服务体系"十二五"规划》明确指出，基本公共服务均等化意味着"所有公民都应当尽可能公平、平等地获得水平大致相等的基本公共服务，其中的核心在于机会平等，而非简单的、无差异化的平等"。2017 年，国务院颁布的《"十三五"推进基本公共服务均等化规划》又再次明确："基本公共服务均等化是指全体公民都能公平可及地获得大致均等的基本公共服务，其核心是促进机会均等，重点是保障人民群众得到基本公共服务的机会，而不是简单的平均化。"

三、基本公共服务均等化的内涵

基本公共服务均等化是指全体公民都能公平可及地获得大致均等的基本公共服务，而不是简单的平均化。理解这一概念，应该把握以下几点。

一是注重"基本"。基本公共服务均等化的前提是"基本"，即均等化的对象所涉及的范围并不是所有的公共服务。一般而言，基本公共服务是指满足社会成员生存与发展最低限度的需要、事关社会成员生存与发展最基本权利的服务，它会影响到社会成员的生存质量与发展机会。当然，基本公共服务无论内容还是标准都具有动态性，随着经济社会的发展，其覆盖范围会不断扩大，标准会不断提升。《国家基本公共服务体系"十二五"规划》明确基本公共服务的范围包括"保障基本民生需求的教育、就业、社会保障、医疗卫生、计划生育、住房保障、文化体育等领域的公共服务，广义上还包括与人民生活环境紧密关联的交通、通信、公用设施、环境保护等领域的公共服务，以及保障安全需要的公共安全、消费安全和国防安全等领域的公共服务"。2021 年，经国务院批复同意，国家发展改革委联合 20 个部门印发了《国家基本公共服务标准（2021 年版）》，共包含"幼有所育、学有所教、劳有所得、病有所医、老有所养、住有所居、弱有所扶、优军服务保障、文体服务保障"9个方面，分为22个大类，总共80个服务项目。这些规定比较清晰地界定了基本公共服务的范围和标准。

二是注重"政府"。基本公共服务是由政府主导提供的，基本公共服务均等化则主要是由政府主导推动的，这与当下讨论的服务型政府建设是高度契合的。服务型政府就是以提供公共服务为主要职能的政府，它能够比较自如地处理国家的阶级职能与社会职能的辩证关系。所以，政府在基本公共服务领域的行政模式也应由注重管制向注重服务转变，通过公平合理的政策输出去创建公民生活的福祉。这里需要强调几点：第一，政府不是基本公共服务的唯一提供者，基本公共服务也可以交由市场主体或社会主体提供，以最大限度、最高效率地满足广大人民群众的基本服务需求。第二，政府应该保持公共性，要防止与民争利。由于政府所具有的权威性，其一旦涉足市场就容易造成垄断，从而剥夺人们选择的权利，使他人丧失在该领域中获利的可能性，因而公共性是一个正义的政府必须具有的属性。第三，完善财政收支制度，加大公共财政在基本公共服务领域的投入。政府想要推进基本公共服务均等化，就必须加大财政投入，使基本公共服务的财政支出在国家财政中占据较大比重。

三是注重"均等"。基本公共服务均等化的"均等"，不是简单的平均化或无差异化，核心是促进机会均等，重点是保障人民群众得到基本公共服务的机会。基本公共服务均等化并不追求所有人享有完全相同的服务，合理的差异是社会进步的动力，也是社会焕发活力的根源。当然，一定的差异并不是任由差距扩大，如果差距扩大则不能合理地反映社会劳动与市场分配，就会与社会公正背道而驰，也就谈不上真正的基本公共服务均等化。我国人口数量众多，地区差异大，生产力水平和财政能力有限，发展中国家的现实国情决定了我国所提供的基本公共服务要与国家的综合国力相匹配。因此，要优先保证全体社会成员享有基本公共服务的机会均等，应致力于改善当前城乡、区域和群体之间享有基本公共服务的非均等化状态，使公共投入向农村地区、欠发达地区和社会弱势群体倾斜。

四是注重"共享"。改革发展成果共享是基本公共服务均等化的价值指引和原则遵循，也是基本公共服务均等化的根本任务和重要目标。基本公共服务均等化成为改革发展成果共享的重要衡量指标，蕴含着改革开放成果共享的价值理念和实践诉求。从价值理念的角度看，"共享"意味着某种程度的"均等"，而"均等"也意味着某种程度的"共享"。改革发展成果共享是指每个社会成员的基本尊严和基本生存条件得到维护和满足，基本发展条件能够得到保证，生活水准和发展潜力能够随着经济社会的发展而不断提升，即在基本层面上得到"均等"的机会与保障。从实践诉求的角度看，改革发展成果共享取得的成效以及存在的矛盾与问题，是推进基本公共服务均等化的现实背景。通过推进基本公共服务均等化来解决民生问题、化解社会矛盾、促进社会和谐，既是体现社会公平的必然要求，也是实现社会和谐发展的必然途径。

基本公共服务的均等化，不仅有利于保障个人的生存权与发展权，让每个人体面且有尊严地活着，而且也是现代政府追求的目标，是实现国家长治久安、社会和谐稳定的重要途径。

第二节 基本公共服务均等化的相关理论

一、公共财政理论

公共财政理论实质上就是市场经济体制下的政府财政，也就是说，当经济市场处于失灵状态时，必须依靠政府力量来弥补无人提供满足公共需求的公共产品的空白。公共财政的本质特征是公共性，与公共服务的本质特征相同。因此，公共财政理论是基本公共服务均等化的理论基础。此外，公共财政理论的主要内容是为市场提供公共服务与公共产品，与公共服务的主要内涵相契合，这也表明了公共财政理论是公共服务均等化的理论基础。

公共财政理论认为政府应当对所有的经济主体和社会成员提供平等的无差别的均等化公共服务。公共财政理论的主要目的是政府对公共产品进行再分配以弥补市场失灵。政府本身是非营利主体，不能参与具有营利性质的市场竞争，这直接体现了公共财政理论的非营利性与公共性。相对来说，公共财政的运用范围也是有限的，其只能应用于市场失灵这一领域，如果超越这一范畴应用于其他领域中，则有可能损害市场本身的运行机制。可以将公共财政理论的基础特征总结为以下三点。

第一，公共性。公共财政理论的运行目标和收支活动都具有公共性，将满足社会公共需求作为其财政职能的基本出发点。财政职能只涉及社会公共需要的事项，不介入社会公共需要领域之外的事项。而社会公共需要的定义则是在与个人需求的比较之下得出的，是将整个社会作为主体所提出的整体需求，主要表现出了整体性与集中性。

第二，非营利性。公共财政理论将公共利益的最大化作为基础目标，是具有公共性质的国家财政，其具体体现就是为公众提供公共服务时不是以投资营利或追求商务经营利润作为财政收支的出发点和归宿。

第三，规范性。公共财政就是为了满足社会公共需要、弥补市场失灵、以国家为主体参与的社会产品的分配活动，是国家履行职能的重要物质基础。此外，政府的各项事权都是由法律规定和界定的，强调依法理财，对财政收支的各项行为进行规范。

二、福利经济学理论

福利经济学属于西方经济理论之一。福利制度指国家和各种社会团体通过开展福利活动、社会服务以及集体福利事业等来增进群体福利，以提高社会成员的生活水平和生活质量。福利经济学将追求最大化的社会经济福利作为目标，主要研究如何进行资源配置以提高效率，如何进行收入分配以实现公平及如何进行集体选择以增进社会福利。基本公共服务均等化的研究内容符合福利经济学的目标和内容，同时福利经济学也为基本公共服务均等化提供了经济学基础。

（一）庇古的福利经济学与基本公共服务均等化

福利经济学体系的创立者是英国经济学家庇古，他以边际效用价值论为基础对"福利"进行了定义。他认为，福利是由效用组成的，人性的本质就是追求最大的满足，或者说是追求最大的福利。人们为了获取最大的福利，使自己摆脱贫困必须考虑两个问题：第一个问题是个人的满足程度会随着其实际收入的增加而增加；第二个问题是如果采取将富人货币收入通过再分配给穷人一部分的方法，会使社会的整体满足度增加。据此，庇古提出了两个著名的基本命题：一是社会经济福利水平会随着国民收入总量的增加而提高；二是社会经济福利会随着国民收入分配的均等化而变得更大。庇古的这两个基本命题对研究公共服务的均等化问题产生了基础性的影响，并以此为基础提出打破以往将效率与公平对立起来的观念，从而将效率与公平放在同一平台进行分析与研究。

（二）补偿原则与基本公共服务均等化

补偿原则是西方福利经济学中关于资源配置的一种理论。这一理论的基本思想是市场价格的变化会随着国家推出的任何一项政策而发生变化，并导致一部分人受益、一部分人受损，如果这部分受益人的情况得到改善并且可以补偿受损者，且补偿过后还能产生盈余时，这种结果就能实现整个社会福利的增加。在这里，最关键的是要将受益者的一部分利益转移给受损者。

补偿原则的思想为公共服务的合理分配提供了理论依据。由于我国各地区之间的经济发展是不均等的，还存在着较大差异，这导致了我国各个地区所拥有的公共服务是不同的，以至于人均拥有的公共服务也是不对等的。因此，政府可以采取转移支付的方法为公共服务需求没有得到满足的地区提供更多的公共服务，使基本公共服务更加均等化，以便提高整体社会的福利水平。

（三）社会福利函数理论与基本公共服务均等化

社会福利函数是福利经济学的一个重要研究内容，这一理论强调将收入进行合理化分配，它不等同于收入分配均等化，因为每个个体都有不同的选择偏好，所以将收入平均化并不能保证每个人的福利都有所提升。因此，基本公共服务均等化并不是单纯地将政府提供的公共服务进行简单平均，而是需要考虑个人需求的公共服务"相对均等化"。

由于社会福利函数考虑了人们利益与效益之间的冲突，所以其也强调政府在提出某些政策时应该注意每个人受到这些政策影响的反应是不同的，有些人可能会受益，有些人可能会受损，所以政府应当选择更能提高整体社会福利水平的政策。所以从长远看，公共服务均等化对于社会发展来说具有促进作用，也能够提高社会成员的整体效用水平和社会整体福利水平。

三、公平正义理论

公平正义是中国共产党带领人民矢志不渝的崇高追求，是对马克思主义公平正义观的继承与发展，是政治、经济和法律领域最为重要的价值取向，也是撑起"中国梦"的重要基石。

古往今来，思想家们关于正义的定义与内涵给出了多种解释，但是无论是在哪个领域，正义都是人们所追求的价值理念，这一点是永恒不变的，并且对于人类社会的发展与进步也是必不可少的。关于正义的内涵，不同的社会或阶级的人们有着不同的解释，整体看来，大多数的观点认为公平就是正义，简单来说是同样的人同样对待。

维护正义是现代政府不可推卸的责任。在现实生活中，可能会出现一些利己主义者，即无法和他人达成互惠契约，会做出一些比较自私的行为的人。这就要求政府加强公平正义的维护，并且促进社会的和谐发展。同时也意味着政府所出台的每一项政策都应当保证其公平正义性，否则就说明这一政策具有局限性，不能大力推广。因此，政府在人民群众中必须扮演保证社会公平正义的角色。

公平正义实现的基本有效途径就是促进基本公共服务的均等化，政府应该采取一些措施来承担这一责任，也就意味着政府应该对经济社会实施某种干预，以达到维护公平正义的目的。

四、服务型政府理论

服务型政府是在公民本位、社会本位理念的指导下，在整个社会民主秩序的框架下，通过法定程序，按照公民意志建立起来的以为人民服务为宗旨并承担着服务责任的政府。服务型政府主要是针对中国传统计划经济条件下，政府大包大揽和以计划指令、行政管制为主要手段的管制型政府模式而提出的一种新型的现代政府治理模式。服务型政府以服务为宗旨，这意味着政府与公众的关系将转化为服务供给者与消费者的关系。政府行使权力的主要目的不再是管制，而是为公众提供更好的服务。

服务型政府的本质属性是以社会发展和公民普遍的共同利益为出发点，即完全从人民的需要出发，以为人民服务为宗旨。按照现代公共管理的理念，政府不是凌驾于社会之上的官僚机构，从某种意义上讲，更像是负有责任的"企业家"，公民则是其"顾客"。这里的"企业家"并非生意人，而是不断提高公共资源配置效率的人。服务型政府应以市场即公众需求为导向，因为只有顾客驱动的政府，才能提供满足人们合理、合法需求的公共服务。

　　服务型政府是一个为全社会提供公共产品和服务的政府。提供公共产品和服务，核心是在公共财政和预算以及财政转移支付的导向上，真正关注普通老百姓的利益、需要和愿望。服务型政府要把钱真正用到惠及老百姓的日常生活上来，投入关乎千家万户生活命脉的义务教育、公共医疗、社会福利和社会保障、劳动力失业和培训、环境保护、公共基础设施、社会安全和秩序等方面上来，使人民安居乐业、生活幸福。基本公共服务的供给关乎国家稳定和社会和谐，基本公共服务均等化的发展历程也是建设服务型政府的过程。

第三章

河北省基本公共服务均等化
现状及问题分析

第一节　河北省基本公共服务均等化政策
演变与发展分析

一、我国基本公共服务均等化政策的演变与发展

2005年，党的十六届五中全会通过的《中共中央关于制定国民经济和社会发展第十一个五年规划的建议》首次提出"公共服务均等化"的概念，指出："健全扶持机制，按照公共服务均等化原则，加大国家对欠发达地区的支持力度。"公共服务均等化的提出具有重要的政治意义，明确了公共服务均等化的目标，体现了以人为本的思想，有利于预防社会不公平带来的风险。2006年，第十届全国人大四次会议批准的《中华人民共和国国民经济和社会发展第十一个五年规划纲要》明确了"基本公共服务均等化"的概念，并提出："完善中央和省级政府的财政转移支付制度，理顺省级以下财政管理体制，有条件的地方可实行省级直接对县的管理体制，逐步推进基本公共服务均等化。"

2008年，党的十七届三中全会明确提出："把国家基础设施建设和社会事业发展重点放在农村，推进城乡基本公共服务均等化，实现城乡、区

域协调发展，使广大农民平等参与现代化进程、共享改革发展成果。"
2010 年，在党的第十七届五中全会上通过的《中共中央关于制定国民经济和社会发展第十二个五年规划的建议》强调，基本公共服务均等化发展要结合我国的实际国情，注重各区域的均等，实施区域发展总体战略和主体功能区战略，建立完善可持续的基本公共服务体系，惠及人民，保障民生。

2011 年，我国公布的《中华人民共和国国民经济和社会发展第十二个五年规划纲要》，将基本公共服务均等化这一政策导向进一步整理细化，其中第八篇"改善民生，建立健全基本公共服务体系"指出，要"坚持民生优先，完善就业、收入分配、社会保障、医疗卫生、住房等保障和改善民生的制度安排，推进基本公共服务均等化，努力使发展成果惠及全体人民"。在财政体制改革方面，要求"围绕推进基本公共服务均等化和主体功能区建设，完善转移支付制度，增加一般性特别是均衡性转移支付规模和比例，调减和规范专项转移支付"。

2012 年 7 月，我国出台《国家基本公共服务体系"十二五"规划》，将基本公共服务范围确定为"公共教育、劳动就业服务、社会保障、基本社会服务、医疗卫生、人口计生、住房保障、公共文化等领域"。这一规划明确了基本公共服务体系的主要目标和指导思想，详细阐述了各个公共服务领域的重点任务以及国家基本标准，指明了我国基本公共事业发展的方向。2012 年 11 月，在党的十八大报告中，首次提出了"基本公共服务均等化"的要求。在"人民生活水平全面提高"的目标中，首先强调的就是"基本公共服务均等化总体实现"，标志着基本公共服务均等化成为社会建设的重要目标。

2015 年 10 月，党的十八届五中全会通过的《中共中央关于制定国民经济和社会发展第十三个五年规划的建议》提出，要坚持"共享发展"：加强义务教育、就业服务、社会保障、基本医疗和公共卫生、公共文化、环境保护等基本公共服务，努力实现全覆盖。2016年4月，《中华人民共和国国民经济和社会发展第十三个五年规划纲要》提出，坚持普惠性、保基本、均等化、可持续方向，从解决人民最关心最直接最现实的利益问题入手，增强政府职责，提高公共服务共建能力和共享水平。并提出围绕标准化、均等化、法制化，加快健全国家基本公共服务制度，建立国家基本公共服务清单，动态调整服务项目和标准，促进城乡区域间服务项目和标准有机衔接。

2017年1月，国务院印发《"十三五"推进基本公共服务均等化规划》，这是"十三五"乃至更长一段时期内推进基本公共服务体系建设的综合性、基础性、指导性文件。该规划明确了建立国家基本公共服务清单制度，确定了公共教育、劳动就业创业、社会保障等8个领域81个基本公共服务项目，使老百姓学有所教、困有所帮、劳有所得、住有所居、老有所养、文体有获、病有所医、残有所助。2017年10月，党的十九大报告中提出，从2020年到2035年，基本公共服务均等化基本实现。实现基本公共服务均等化的关键是推进基本公共服务的标准化，通过健全基本公共服务标准体系，确保基本公共服务覆盖全民、兜住底线和均等享受，使人民群众的获得感、幸福感、安全感更加充实、更有保障、更可持续。

2021年3月，十三届全国人大四次会议通过的《中华人民共和国国民经济和社会发展第十四个五年规划和2035年远景目标纲要》，强调要把"基本公共服务均等化水平明显提高"作为"十四五"时期我国经济社会发展的主要目标，并提出到2035年"基本公共服务实现均等化"。这要求我们牢固树立系统观念，加强前瞻性思考、全局性谋划、整体性推进，坚持尽力而为、量力而行，完善公共服务供给体系，提升公共服务供给能力，推动公共服务均衡、优质、创新发展。

2022年1月，经国务院批复同意，国家发展改革委等部门联合印发了《"十四五"公共服务规划》（以下简称《规划》）。《规划》提出，到

2025 年，公共服务制度体系更加完善，政府保障基本、社会多元参与、全民共建共享的公共服务供给格局基本形成，民生福祉达到新水平。围绕"七有两保障"，《规划》设计了 22 项指标，其中约束性指标 7 项、预期性指标 15 项。《规划》明确了以标准化推进基本公共服务均等化的路径，首次将覆盖面更广、服务内容更丰富、需求层次更高的非基本公共服务和能够与公共服务密切配合、有序衔接的高品质多样化生活服务同步纳入规划范围，提出了系统提升公共服务效能的支持政策。

二、河北省基本公共服务均等化政策的演变与发展

2007 年 1 月，河北省政府工作报告中对公共服务涉及的相关领域提出了具体要求，提出要扩大就业，扩大社会保险覆盖面，优先发展教育事业，提高全民科学素养，大力发展卫生事业，要注重统筹城乡和区域协调发展，注重促进社会发展和解决民生问题。河北省 2008 年的政府工作报告中提出，要以优先发展教育、建设医疗卫生事业、积极扩大就业、推进文化建设、健全社会保障体系、维护公共安全为重点，努力保障和改善民生，促进社会公平正义，推动社会和谐发展。河北省 2010 年的政府工作报告中指出，要继续扩大公共服务、发展社会事业、增进人民福祉，要完善公共服务体系，将公共资源更多地向民生领域倾斜。

2013 年 12 月，河北省政府第十五次常务会讨论通过的《河北省基本公共服务行动计划（2013—2015 年）》提出，要全力推动公共教育、劳动就业服务、社会保险、社会服务、医疗卫生、计划生育、住房保障、公共文化体育、残疾人服务 9 个领域的基本公共服务发展，推动基本公共服务在城乡和区域间的均等化。此外，还提出到 2015 年，全省要初步完善覆盖城乡、功能比较健全、资源布局相对合理、水平适度的基本公共服务体系，基本公共服务投入明显增长，基本公共服务预算支出占财政支出比重逐步提高，农村与城市、发达与欠发达地区享受基本公共服务的差距大

大缩小，社会满意度明显提高。

2016年1月，河北省政府工作报告中指出，"十二五"时期，河北省教育、医疗、文化、卫生、养老等公共服务领域合作不断深化，改革迈出新步伐，协同发展为河北省带来的全方位、历史性变化正日益显现。"十三五"时期，要进一步健全城乡发展一体化体制机制，逐步实现城乡基本公共服务均等化、资源配置合理化、产业发展融合化。

2018年6月，河北省人民政府印发的《河北省"十三五"推进基本公共服务均等化规划》（以下简称《河北省"十三五"规划》）提出，到2020年，河北省基本公共服务体系更加完善，体制机制更加健全，在幼有所育、学有所教、劳有所得、病有所医、老有所养、住有所居、弱有所扶等方面持续取得新进展，基本公共服务均等化总体实现。此外，《河北省"十三五"规划》还对"十三五"时期基本公共服务领域主要发展指标提出了具体要求。

2020年，河北省政府工作报告中提出，要着力增进民生福祉，共享高质量发展成果。在全省基本公共服务工作上要求要进一步稳定就业，深入实施全民参保计划，稳步推进低保城乡统筹，提高教育质量，完善城乡公共文化服务体系等。2021年，河北省政府工作报告中强调，要优化区域公共资源配置、强化公共卫生队伍建设以及着力发展文化事业和文化产业等目标任务，推进共建共享，切实保障和改善民生。

2021年5月，河北省发布《河北省国民经济和社会发展第十四个五年规划和二〇三五年远景目标纲要》。该文件提出，要围绕公共教育、就业创业、社会保险、医疗卫生、社会服务、住房保障、公共文化体育、优抚安置、残疾人服务等领域进一步提升基本公共服务均等化水平，建立健全基本公共服务标准体系以及动态调整机制，实现城乡及区域间服务标准水平衔接平衡。

第二节　河北省基本公共服务均等化的
现状及问题分析

一、河北省基本公共服务均等化的发展现状

自国家提出基本公共服务均等化要求以来，河北省各级政府积极响应，并不断探索和实践，河北省基本公共服务均等化水平有了一定的发展。

1. 教育事业高质量发展

河北省坚持优先发展教育，并致力于教育事业的均衡发展，具体表现在以下几个方面：第一，河北省落实城乡教育资源共建共享政策，推进城乡义务教育公办学校标准化，并不断提升教育质量。第二，河北省注重学前教育，不断健全学前教育资助制度，建设惠普性幼儿园，保障农村儿童和新增适龄儿童入园需求，2012年新改扩建公办幼儿园523所。第三，河北省实施义务教育"两免一补"政策城乡全覆盖，推出山区教育扶贫工程、义务教育学校标准化工程。第四，河北省重视师资队伍建设，"十三五"时期推动实施乡村教师支持计划、农村教师特岗计划以及小学全科教师免费培训计划等举措，全面提升河北省教师队伍建设水平。"十四五"时期，河北省提出教师教育振兴行动计划以及教师队伍素质提升计划，进一步提升教师的知识能力和水平。

2019年，河北省九年义务教育巩固率达到97.60%，建档立卡贫困家庭适龄儿童少年辍学人数实现了动态清零。2020年，河北省中等职业学校在校生83.79万人，普通中学在校生453.30万人，小学在校生695.92万人，幼儿园在园幼儿245.31万人。目前，河北省正在不断完善全民终身学习推进机制，搭建终身学习服务平台，鼓励建立个人终身学习账户，构

建服务全民的终身学习体系，并大力发展继续教育、线上教育、老年教育等，积极推动学习型社会的建立。

2. 就业优先深入实施

河北省全面实施公共就业服务制度，包括就业政策法规咨询、信息发布、职业指导、就业失业登记等服务项目，并以就业援助为重点，健全失业动态监测、预测预警和预防调控"三位一体"的工作机制。此外，河北省还全面落实就业优先政策，推进劳动就业和社会保障服务平台的建设，积极促进稳就业保就业，更好地为群众就业提供服务。同时，河北省还注重对失业人员、农民工、退役军人等特殊群体职业技能的培训，在促进就业的同时有效地缓解了社会矛盾，促进了社会的和谐稳定。2021年，河北省筹集省以上财政就业创业补助资金31.20亿元，促进城镇新增就业92.50万人；落实普惠性失业保险稳岗返还资金7.68亿元，助力企业稳岗；优化创业担保贷款奖补资金申请、分配和拨付流程，撬动新发放贷款19亿元，直接扶持7100多人自主创业。

3. 医疗卫生服务体系不断完善

河北省在基本医疗卫生服务中继续实施国家基本和重大公共卫生服务项目，不断加强对各种疾病的监测和预防控制。河北省提出，每县办好一所县级公立综合医院和一所县级公立中医医院，每个乡镇办好一所标准化乡镇卫生院，每个行政村办好一个村卫生室，在每个街道办事处范围或每3万~10万居民设置一个社区卫生服务中心。河北省优先支持国家扶贫开发工作重点县、燕山—太行山集中连片特困地区县级及以下医疗卫生机构建设，打造30分钟基层医疗服务圈，基层医疗卫生机构标准化达标率达到95%以上。河北省不断深化医药卫生体制改革，继续完善和健全分级诊疗制度、城乡一体化管理制度、全民医保制度等，努力实现区域卫生服务资源均衡配置。

截至2020年，河北省共有医疗卫生机构86926个，其中医院2246个，乡镇卫生院 1996 个，社区卫生服务中心（站）1459 个，妇幼保健院（所、站）187 个，疾病预防控制中心 188 个；卫生技术人员 51.8 万人，其中执业医师及执业助理医师 23.96 万人，注册护士 19.99 万人；医疗卫生机构床位 44.07 万张，其中医院 34.7 万张，乡镇卫生院 6.99 万张。2021 年，全省卫生健康支出 860.6 亿元，建立健全职工基本医保门诊共济保障制度，实现了职工医保市级统收统支、全省范围内门诊和住院费用直接结算。另外，2021 年，河北省人均基本公共卫生服务经费补助标准提高至 79 元；居民医保人均财政补助标准新增 30 元，达到每人每年不低于 580 元。

4. 养老服务体系正在逐步建立

河北省正在逐步构建"以居家为基础、社区为依托、机构为补充、医养相结合、信息为辅助，覆盖城乡、功能完善、服务优良、监管到位"的多层次、多元化养老服务体系。河北省鼓励支持民间资本和社会力量参与到社区和居家养老服务中，同时大力发展康复、长期护理、安宁疗护等接续性服务。

河北省大力发展普惠性养老和互助性养老，支持区域养老服务建设，推动河北省敬老院改造、公共设施适老化改造和发展，加快街道综合养老机构建设，并提高养老机构护理型床位占比，推动养老事业和养老产业协同发展。2020 年，河北省新改扩建社区养老设施 457 所，2021 年实施养老服务提质增能工程。

5. 公共文化体育事业不断发展

河北省全面落实基本公共文化服务实施标准，促进城乡基本公共文化资源共建共享，努力推行"菜单式""订单式"的公共文化服务，促进公共图书馆、文化馆、综合文化站免费开放，提高公共文化服务水平。同时，河北省进一步健全标准化公共文化服务体系，促进公共文化服务主体和供给方式的多元化发展，不断提升公共文化服务的质量。2020 年年末，全省有博物馆 144 个、公共图书馆 177 个、文化馆 182 个、档案馆 185 个，广播节目综合人口覆盖率达 99.77%，电视节目综合人口覆盖率 99.84%，出版各类报纸 9.64 亿份、各类期刊 3920.92 万册、图书 30098 万册（张）①。

河北省大力推进全民健身计划，加强健身场地设施建设，推广普及冰雪运动，实施青少年体育活动促进计划等等。在提高全民身体素质的同时进一步促进体育事业的蓬勃发展。河北省还不断完善竞技体育管理体制和运行机制，承办全国高水平赛事，进一步提高体育社会化水平。2021 年，河北省运动健儿在全国高水平赛事中共获金牌 31 枚、银牌 39 枚、铜牌 39 枚②；河北省体育健儿在东京奥运会、残奥会上创历史最好成绩，金牌数全国第三位和第二位③。

6. 住房保障体系不断优化

河北省始终坚持"房子是用来住的，不是用来炒的"，不断完善租赁补贴制度，健全保障性住房投资运营和准入退出机制，大力实施城镇棚户区改造攻坚计划，基本完成现有城镇棚户区、城中村和城市危房改造任务。2021 年，河北省改造老旧小区 3057 个、棚户区 11 万套，城中村改造启动 459 个，总量居全国第二。另外，重点建设普通商品住房、规范公租房，多主体供给、多渠道保障、租购并举的住房制度体系正在稳步推进。

2022 年 3 月，河北省住房和城乡建设厅印发《2022 年河北省城镇住房保障工作要点》，提出加快完善以公租房、保障性租赁住房和共有产权住房为主体的城镇住房保障体系，狠抓棚户区改造安置房建设，大力发展保障性租赁住房，优化公租房服务，探索发展共有产权住房，推动城镇住房保障工作高质量发展。

---

① 河北省 2020 年国民经济和社会发展统计公报［EB/OL］. 河北省统计局，2021-02-25.
② 河北省 2020 年国民经济和社会发展统计公报［EB/OL］. 河北省统计局，2021-02-25.
③ 王正谱在河北省第十三届人大五次会议上的政府工作报告（摘登）［N］. 河北日报，2022-01-18.

7. 平安河北持续推进

河北省认真落实国家安全战略，始终坚持总体国家安全观，完善社会治理体系，保证社会安定，以河北之稳保卫首都安宁。河北省不断完善安全生产责任制，建设应急管理信息综合平台，开启安全生产风险监测预警系统数据采集工程。河北省加强重点领域的专项整治，加强食品医药严格监管，加快完善应急管理体系、公共安全管理体系，完善社会矛盾调处体系，持续提高社会安全水平，最大限度地保护人民生命及财产安全，保障社会稳定发展，推进平安河北建设。

2020 年，河北省防灾减灾救灾能力不断增强：有效应对多个强降雨过程，强力排查整治城市内涝点，平安顺利度过汛期；全省森林火灾起数同比下降 68.3%；安全生产事故总量、较大事故、工矿商贸事故实现"三个双下降"；安全生产事故起数、死亡人数"双下降"。2021 年，平安河北建设扎实推进，圆满地完成了庆祝建党一百周年的安保任务，政法队伍教育整顿成效明显，扫黑除恶常态化开展，食品药品监管力度进一步加大。

总的来说，从以上对河北省基本公共服务均等化的举措和现状分析来看，近年来河北省各项基本公共服务发展都取得了一定的成效，不同领域的基本公共服务体系均得到进一步完善。然而，河北省基本公共服务均等化水平还有待进一步提高，统筹城乡一体化、区域协调发展还需深入落实。推进基本公共服务均等化关系到社会公平和人民福祉，可以缩小城乡和地区之间人们享受基本公共服务的差距，有效缓解社会矛盾，促进社会和谐发展。

二、河北省基本公共服务均等化面临的主要问题

按照《河北省"十三五"推进基本公共服务均等化规划》的要求，近年来河北省不断加大基本公共服务投入，不断提升基本公共服务水平。

但我们也必须清楚地认识到河北省基本公共服务均等化还面临着不少问题，距离我们的目标还有不小的差距。这些问题具体体现在如下几个方面。

1. 基本公共服务需求不断提升，供需缺口大

随着河北省经济社会的不断发展，人民群众对基本公共服务的需求不断提高。但由于河北省财力有限，基本公共服务供需缺口加大。特别是随着我国社会矛盾的变化，人们对基本公共服务的需要发生很大的变化。实现人民群众对美好生活的向往、对幸福生活的追求，需要提供多种多样的基本公共服务。同时河北省全面建成小康社会过程中，特殊群体（如贫困人口、残疾人员、失地农民）等对基本公共服务的需求也在迅速增加。政府提供基本公共服务的压力在不断增加。

2. 基本公共服务结构不断变化，多样化、个性化供给不足

当前人们对基本公共服务的需求结构也在不断发生变化。随着河北省居民恩格尔系数不断下降，人们对基本公共服务的需求由消费型向享受型转变，呈现多样化、个性化的特点。教育、住房、养老、医疗、就业、环境等方面的需求不断加大，亟须政府提供这些方面的基本公共服务。

3. 基本公共服务城乡差距大，农村水平亟待提升

河北省基本公共服务受二元经济结构和过去发展模式的影响，城乡差距悬殊。城镇基本公共服务得到重点发展，农村基本公共服务无论是范围，还是水平都相对落后。现在需要不断加大农村基本公共服务的投入，提高其质量和水平。特别是在乡村振兴战略实施的大背景下，农村基本公共服务水平的高低直接影响农村稳定与发展，影响乡村振兴战略的实施。

4. 基本公共服务供给效率不高，体制机制亟须完善

随着我国社会主要矛盾的转变，人民的美好生活需要日益增长，河北省需要不断完善基本公共服务体制机制，提升政府提供基本公共服务的水

平和质量。现在亟须解决政出多门、权力滥用、效率低下、监管缺失等方面的问题，完善基本公共服务体制机制，更好地提升基本公共服务质量，更好地为人民群众谋福利。

第四章

河北省基本公共服务区域
差异分析

第一节　京津冀地区基本公共服务区域差异分析

一、京津冀地区义务教育区域差异现状

根据《中国社会统计年鉴（2021）》，2020 年，京津冀地区各地一般公共预算教育支出中，河北省 11 个城市的平均一般公共预算教育支出仅为 143.8 亿元，为三地最低；而天津市一般公共预算教育支出有 440.53 亿元，较河北省有近 300 亿元的提升，但与同为直辖市的北京相差巨大，北京市达到了 1128 亿元之多。如图 4-1 所示。

2020 年，京津冀地区各省（市）人均一般公共预算教育支出中，北京市最高，超过 5000 元，高达 5153 余元；其次为天津市，3176 余元；河北省最少，仅有 2119 余元，不到北京市数额的一半。如图 4-2 所示。

2020 年，北京市和河北省的一般公共预算支出占一般公共预算支出的比例均超过 15%；河北省 2020 年的一般公共预算教育支出比上年增长超过 4%，为 4.36%，北京市为 0.23%，天津负增长，为 -5.63%；在一般公共预算教育支出与财政经常性收入增长幅度比较中，河北省最高且超过 8%，为 8.83%，天津市和河北省均未超过 4%，且天津市最低，仅有

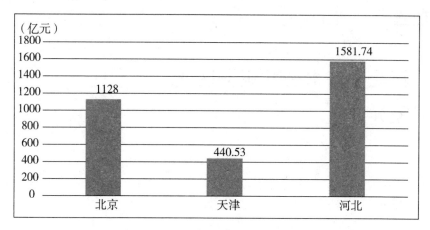

图 4-1　2020 年京津冀地区各地一般公共预算教育支出

数据来源：《中国社会统计年鉴（2021）》。

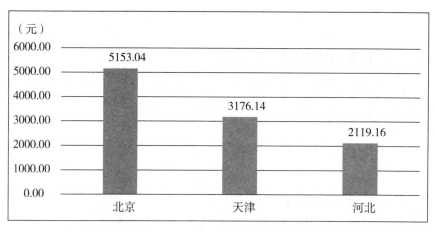

图 4-2　2020 年京津冀地区各地人均一般公共预算教育支出

数据来源：《中国社会统计年鉴（2021）》。

1.8%，与河北省的比值相差较大，有 7 个百分点。结合京津冀地区这三项数据可以看出，河北省对基本公共教育保持高度重视，北京市对基本公共教育较为重视且重视程度在上升，而天津市对基本公共教育的重视程度一直较低。如图 4-3 所示。

从义务教育学校的绝对数量上来看，河北省 11 个城市平均拥有 1281

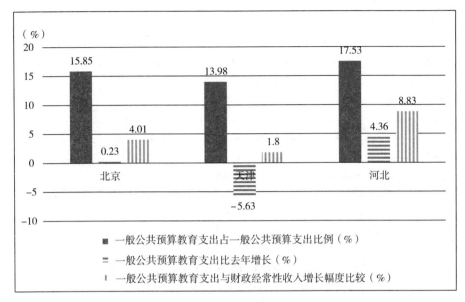

图 4-3 2020 年京津冀地区各地一般公共预算教育经费占比差异现状

数据来源：《中国社会统计年鉴（2021）》。

所学校，比北京和天津两个直辖市略高，且京津冀地区各地义务教育学校数量中均为小学数量大于初中数量。其中北京市小学数量约为初中的 2.8 倍，天津市小学数量约为初中的 2.6 倍，而河北省小学数量达到了初中数量的 4.7 倍。可以看出，河北省的初中学校设置与北京和天津相比还具有一定的差距。如图 4-4 所示。

从京津冀地区的总体义务教育情况来看，北京市的师生配置条件较为优越，平均 1 个专任教师对应约 12.15 个在校学生；其次是天津市，平均 1 个专任教师对应约 13.72 个在校学生；河北省的师生配置条件则相对较差，平均 1 个专任教师对应约 15.90 个在校学生。三地的总体义务教育师生配置北京市优于天津市优于河北省。如图 4-5 所示。

其中，京津冀地区的小学中，北京市的师生配置条件较为优越，平均 1 个专任教师对应约 14.01 个在校学生；其次是天津市，平均 1 个专任教师对应约 15.38 个在校学生；河北省配置条件则相对较差，且与北京市和

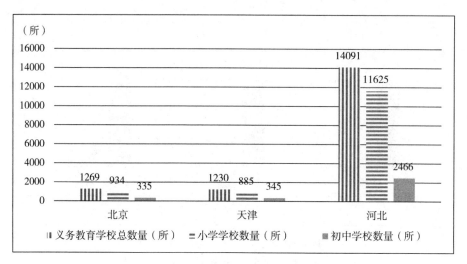

图4-4 2020年京津冀地区各地义务教育学校数量

数据来源:《中国社会统计年鉴(2021)》。

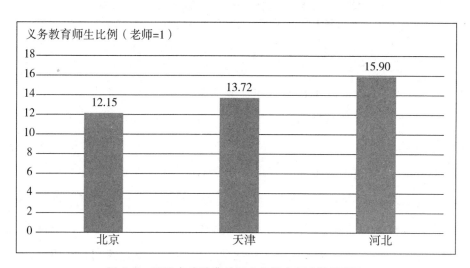

图4-5 2020年京津冀地区义务教育师生数量配比

数据来源:《中国社会统计年鉴(2021)》。

天津市的差距较大,如图4-6所示。初中的情况与小学类似,北京市的师生配置条件最为优越,平均1个专任教师对应约8.68个在校学生;其次是天津市,平均1个专任教师对应约11.02个在校学生;河北省配置条件则相对较差，为平均 1 个专任教师对应约 13.72 个在校学生，且与北京市和天津市的差距较大。如图 4-7 所示。

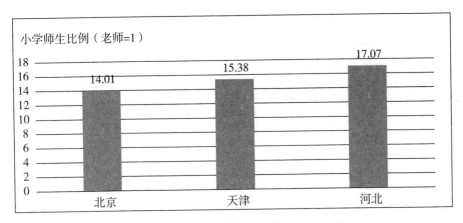

图 4-6 2020 年京津冀地区小学师生数量配比

数据来源：《中国社会统计年鉴（2021）》。

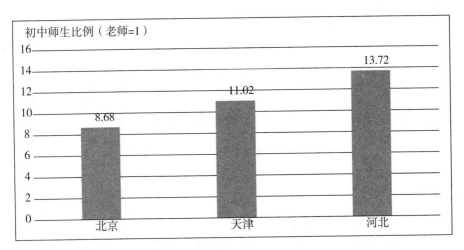

图 4-7 2020 年京津冀地区初中师生数量配比

数据来源：《中国社会统计年鉴（2021）》。

二、京津冀地区卫生医疗区域差异现状

京津冀地区的各级医院建设情况中，从各级医院的绝对数量来看，河

北省11市平均拥有三级医院9个，与北京市和天津市相差甚远，天津市与北京市之间也有很大差距；河北省11市平均拥有二级医院54个，与天津市差距较小，但两者与北京市的差距较大；从各级医院建设总量来看，河北省11市平均拥有204个医院，与天津市和北京市差距较大。可以看出，京津冀地区的各级医院建设水平极其不均衡，北京市处于绝对领先的地位，而河北省相对落后（如图4-8所示）。

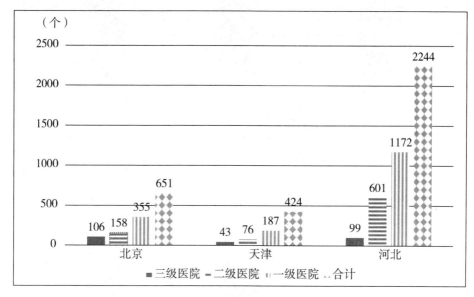

图4-8　2020年京津冀地区各级医院建设情况

数据来源：《中国社会统计年鉴（2021）》。

据统计年鉴数据，京津冀地区各地平均每家医院对应人数，天津市最少，约为32712人；河北省其次，与之差距约有550人；北京市则相对较多，超过33625人。可以看出，京津冀地区中，天津市医院的平均承载压力最小，河北省则较大且在京津冀地区中处于落后位置，但三地较为平均（如图4-9所示）。

从全科医生人数的绝对数量上来看，河北省11个城市平均拥有1727位全科医生，天津拥有5051位全科医生，北京拥有9918位全科医生，由

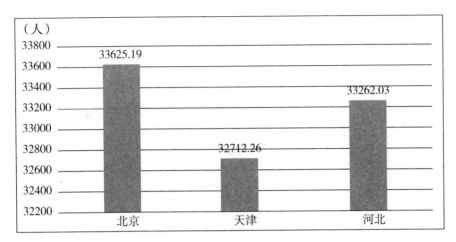

图 4-9　2020 年京津冀各地区平均每家医院对应人数

数据来源：《中国社会统计年鉴（2021）》。

此可以看出京津冀地区各地区全科医生数量极其不平衡，且北京大幅领先于其他区域。如图 4-10 所示。

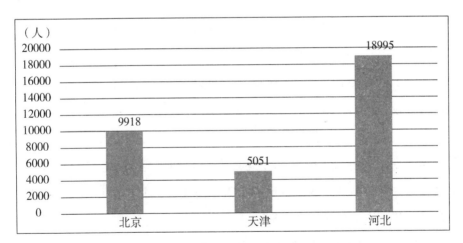

图 4-10　2020 年京津冀地区各地区全科医生人数

数据来源：《中国社会统计年鉴（2021）》。

从每万人全科医生人数上来看，北京市每万人拥有 4.53 位全科医生，天津市和河北省分别为 3.64 位和 2.55 位。由此可以看出，在每万人全科医生数这一方面，京津冀地区中北京领先于其余两地，且领先幅度较大。如图 4-11 所示。

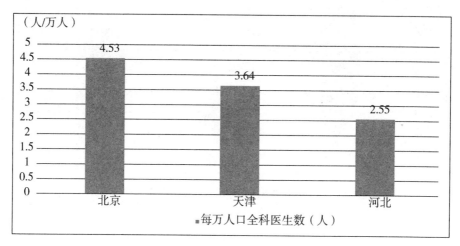

图 4-11 2020 年京津冀地区各地每万人拥有全科医生人数
数据来源：《中国社会统计年鉴（2021）》。

京津冀地区各地的医疗卫生机构总床位数中，河北省 11 市平均有 40178 个床位，与北京市和天津市差距较大；北京市的床位数最多，高达 127033 个；天津市床位数为 68275 个。可以看出，京津冀地区的医疗卫生机构床位较为不均，差距极大。如图 4-12 所示。

京津冀地区每床位对应人数中，天津市的人数最多，约为 203 人；河北省和北京市较低且人数相当，北京市约为 172 人，河北省约为 169 人。可以看出，京津冀地区的床位压力中天津市最大，北京市和河北省虽较高但两者差距不大。如图 4-13 所示。

门诊病人次均医药费状况中，河北省的费用最低，为 89.9 元，但是占到了河北省居民人均可支配收入的 1.07%。相比之下，天津市和北京市的费用较高，北京市的费用达到了 682.1 元，但是只占到其居民人均可支配收入的 0.98%，天津市略高但差距不大。可以看出，京津冀地区的门诊病人次均医药费较为不均，但占居民人均可支配收入的比例较为均衡且不

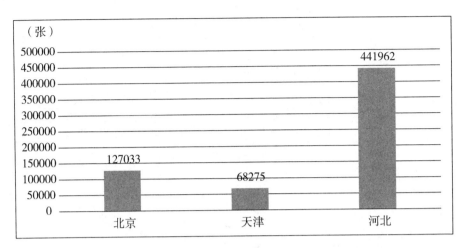

图 4-12　2020 年京津冀地区各地医疗卫生机构床位数

数据来源:《中国社会统计年鉴（2021）》。

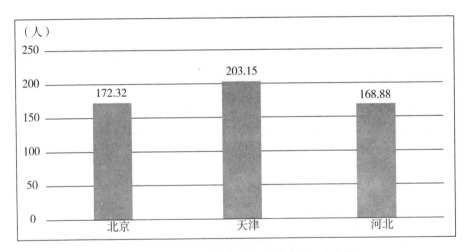

图 4-13　2020 年京津冀地区每张床位对应人数

数据来源:《中国社会统计年鉴（2021）》。

高。如图 4-14 所示。

　　住院病人次均医药费状况中，京津冀地区河北省的费用最低，为 10373.4 元，占到河北省居民人均可支配收入的 38.23%。相比之下，北京市和天津市的费用高出许多，北京市的费用高达 26846.9 元，但是只占到

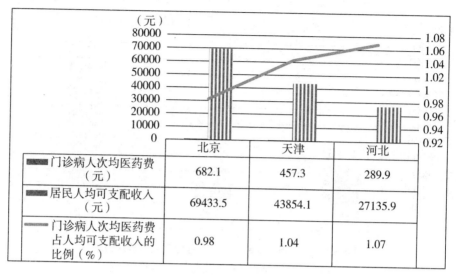

	北京	天津	河北
门诊病人次均医药费（元）	682.1	457.3	289.9
居民人均可支配收入（元）	69433.5	43854.1	27135.9
门诊病人次均医药费占人均可支配收入的比例（%）	0.98	1.04	1.07

图 4-14　2020 年京津冀地区各地门诊病人次均医药费状况

数据来源：《中国社会统计年鉴》（2021）。

北京市居民人均可支配收入的 38.67%，和河北省占比基本一致。天津市的费用略高但其占居民人均可支配收入的比例最高的，为 46.18%。可以看出，京津冀地区的住院病人次均医药费情况较为不均，且占居民人均可支配收入比例较高。如图 4-15 所示。

从总门诊诊疗人次数上看，北京市门诊诊疗人次数最多，高达 18229 万人次；其次为天津市，为 9783 万人次；最少的为河北省，11 个市平均仅为 3471 万人次，与北京市以及天津市的差距较大。从居民平均就诊次数来看，北京市同样最多，为 8.33 次；河北省为 5.12 次，处于京津冀地区最为落后的状态。可以看出，京津冀地区各地的门诊服务情况非常不均且差距较大，北京市居于大幅领先的状态而河北省较为落后。如图 4-16 所示。

从总住院人数上看，北京市住院人数最多，高达 253.8 万人；其次为天津市，为 128.9 万人次；最少的为河北省，11 个市平均为 93.7 万人，与北京市以及天津市有一定差距。居民年住院率来看，河北省最多，为

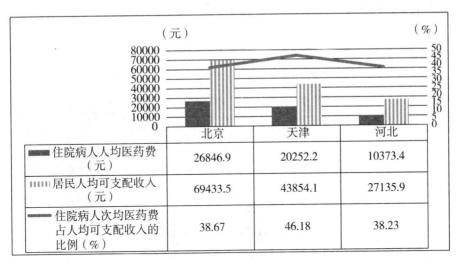

	北京	天津	河北
■ 住院病人人均医药费（元）	26846.9	20252.2	10373.4
▥ 居民人均可支配收入（元）	69433.5	43854.1	27135.9
— 住院病人次均医药费占人均可支配收入的比例（%）	38.67	46.18	38.23

图4-15 2020年京津冀地区各地住院病人次均医药费状况

数据来源：《中国社会统计年鉴（2021）》。

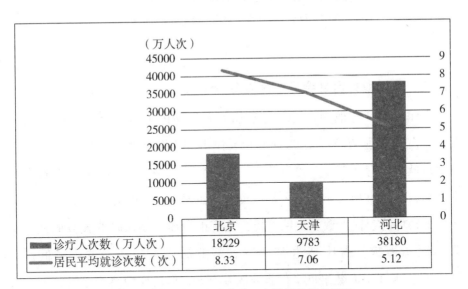

	北京	天津	河北
■ 诊疗人次数（万人次）	18229	9783	38180
— 居民平均就诊次数（次）	8.33	7.06	5.12

图4-16 2020年京津冀地区各地门诊服务情况

数据来源：《中国社会统计年鉴（2021）》。

13.8%；排名第二位的为北京市为11.6%；天津市此项数据为京津冀地区最低，为9.3%。由此可以看出，京津冀地区各地的住院服务情况不够平均。如图 4-17 所示。

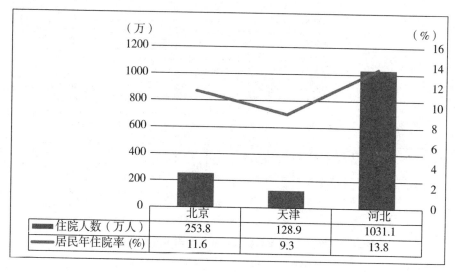

图 4-17　2020 年京津冀地区各地住院服务情况

数据来源:《中国社会统计年鉴(2021)》。

三、京津冀地区社会保障区域差异现状

京津冀地区各地中,河北省参加养老保险的人数最多,高达 3546.1 万人,占比高达 47.51%;北京市和天津市的人数和占比都较少,北京市占比最低,仅有 9.17%。可以看出,京津冀地区中河北省的养老保险参保率最高,北京市和天津市与之差距较大。如图 4-18 所示。

工伤保险参保人数及比例差异:北京市参加工伤保险的人数最多,高达 1267.2 万人,占比高达 57.89%;河北省人数较少,占比最低,为 14.33%;天津市人数最低,仅有 405.6 万人,但占比较高。可以看出,京津冀地区工伤保险的参保情况非常不均衡。如图 4-19 所示。

失业保险参保人数及比例差异:北京市参加失业保险的人数最多,高达 1318.4 万人,占比达到 60.23%;天津市人数较少,占比较低,为 25.17%;河北省最低,有 691.5 万人参保,只占到总人口的 9.26%,与北

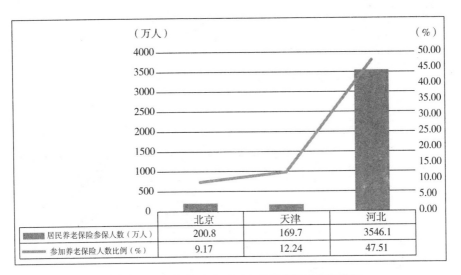

图 4-18　2020 年京津冀地区各地养老保险参保情况

数据来源:《中国社会统计年鉴（2021）》。

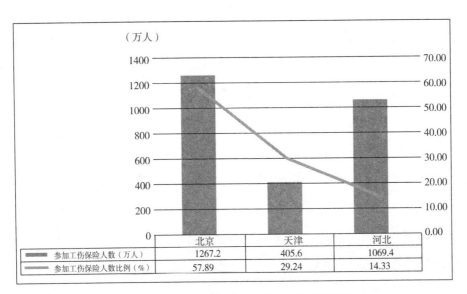

图 4-19　2020 年京津冀地区各地工伤保险参保情况

数据来源:《中国社会统计年鉴（2021）》。

京市的差距极大。可以看出,京津冀地区各地失业保险的普及情况非常不均且差距较大,北京市的普及程度极高。如图 4-20 所示。

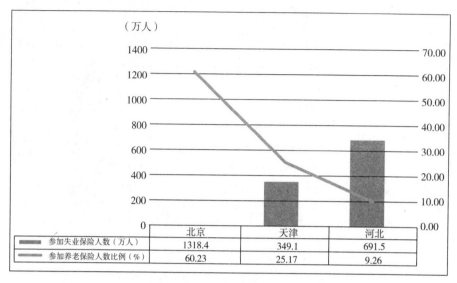

图 4-20　2020 年京津冀地区各地失业保险参保情况
数据来源:《中国社会统计年鉴（2021）》。

　　医疗保险参保人数及比例差异：北京市参加医疗保险的人数最多，为 2139.9 万人，占比达到 97.76%；天津市参保人数有 1164.1 万人，但参保比例为京津冀地区最低，仅为 83.93%；河北省 11 市平均参保人数为 630.8 万人，参保比例约为 93%。从中可以看出，京津冀地区各地医疗保险的普及较为平均，但天津市相对落后。如图 4-21 所示。

　　生育保险参保人数及比例差异：北京市参加生育保险的人数最多，达 1341.1 万人，占比高达 61.27%，处于绝对领先地位；河北省占比最低，仅为 11.73%。可以看出，京津冀地区生育保险的普及情况非常不均且差距较大，河北省较为落后。如图 4-22 所示。

四、京津冀地区文化服务区域差异现状

　　文化馆建设区域差异：河北省 11 市平均有 223 个，是京津冀区最少的，但与北京市和天津市差距不大。北京市最多，有 356 个。可以看出，

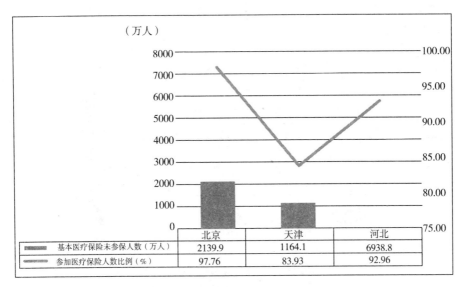

图4-21 2020年京津冀地区各地医疗保险参保情况

数据来源:《中国社会统计年鉴(2021)》。

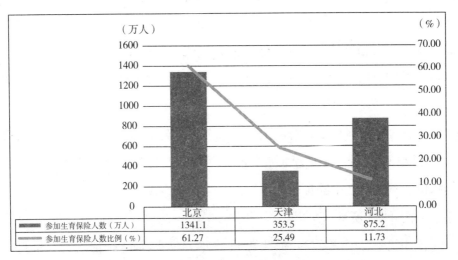

图4-22 2020年京津冀地区各地生育保险参保情况

数据来源:《中国社会统计年鉴(2021)》。

京津冀地区各地的文化馆建设较为平均且数量较多。如图4-23所示。

公共图书馆建设区域差异:河北省11市平均仅有约16个公共图书馆,

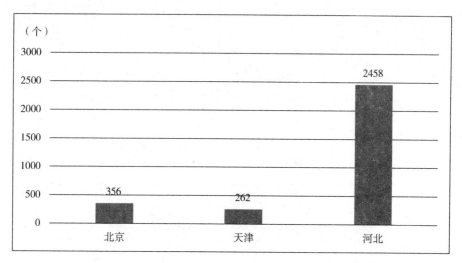

图 4-23 2020 年京津冀地区各地文化馆（站）情况
数据来源：《中国社会统计年鉴（2021）》。

与北京市和天津市存在一定差距。天津市和北京市相差不多，分别为 27 个和 23 个。藏书数量方面，河北省 11 市平均仅有 312 万册（件），与北京市和天津市相差甚远，天津市与北京市差距不大。可以看出，京津冀地区的公共图书馆建设较为不均，河北省落后于京津冀地区平均水平。如图 4-24 所示。

京津冀地区各地人均公共图书藏量中，北京市和天津市较高，分别为 1.43 册和 1.57 册；河北省则差距较多，仅为 0.46 册。可以看出，京津冀地区的人均公共图书藏量较为不均，河北省较多落后于京津冀地区平均水平。如图 4-25 所示。

博物馆建设区域差异：河北省 11 市平均仅有约 13 个博物馆，与北京市和天津市相差甚远；北京市高达 80 个；天津市较少，为 71 个。文物藏品数量上，北京市的件/套数也是绝对多数，多达 2192500 件/套。天津市和河北省与之差距较大，均未超过 100 万件/套，河北省仅有 409994 件/套。可以看出，京津冀地区的博物馆建设非常不均，北京市远超京津冀地

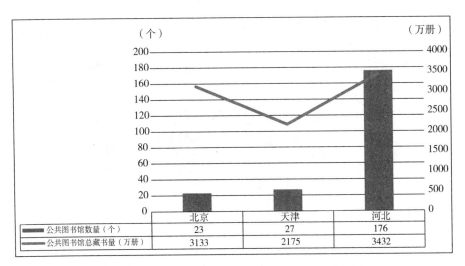

图 4-24　2020 年京津冀地区各地公共图书馆及藏书情况

数据来源:《中国社会统计年鉴(2021)》。

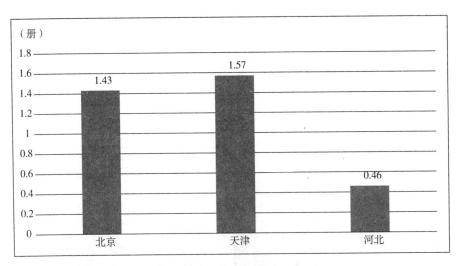

图 4-25　2020 年京津冀地区各地人均拥有图书馆藏量情况

数据来源:《中国社会统计年鉴(2021)》。

区平均水平。如图 4-26 所示。

文化事业费用区域差异:京津冀地区各地文化事业费用情况中,河北省 11 市平均仅有 32171 万元,是京津冀地区最少的,与天津市存在一定差

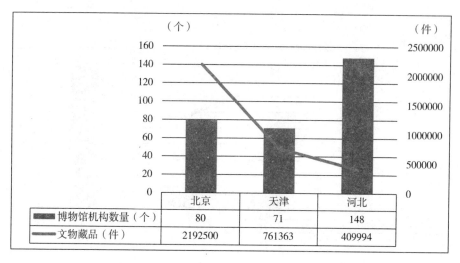

图 4-26　2020 年京津冀地区各地博物馆情况

数据来源：《中国社会统计年鉴（2021）》。

距，两地都与北京市差距较大。北京市的文化事业费用高达 463029 万元。从其占财政支出比重看，北京市的比重最高，占到 0.65%；其次是天津市，比重为 0.42%；河北省最低，为 0.39%。可以看出，京津冀地区各地文化事业费用支出较为不均。如图 4-27 所示。

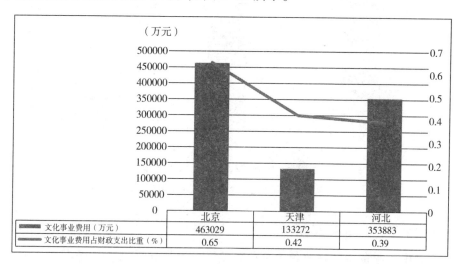

图 4-27　2020 年京津冀地区各地文化事业费用及占财政支出比重情况

数据来源：《中国社会统计年鉴（2021）》。

五、京津冀地区残疾人服务区域差异现状

残疾人康复机构数量区域差异：京津冀地区各地残疾人康复机构建设情况中，河北省 11 市平均仅有约 46 个，是京津冀地区最少的；天津市较多；北京市高达 168 个。可以看出，京津冀地区各地残疾人康复机构数量较为不均。如图 4-28 所示。

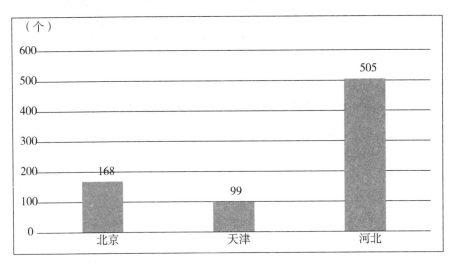

图4-28 2020年京津冀地区各地残疾人康复机构数量
数据来源：《中国残疾人事业统计年鉴（2021）》。

残疾人健身活动参加情况区域差异：根据《中国残疾人事业统计年鉴（2021）》，2020 年京津冀地区各地残疾人健身活动参加情况中，天津市最少，为 1150 人次；北京市略多，为 3300 人次；河北省最多，高达24494 人次，11 市平均约为 2227 人次。可以看出，京津冀地区各地残疾人健身活动参加情况较为平均。如图 4-29 所示。

残疾居民参加社会养老保险差异：数据显示，河北省 11 市平均约有13.9 万人，是京津冀地区最多的；北京市和天津市较少且均未超过 10 万人，分别为 7.6 万人和 7.9 万人。如图 4-30 所示。

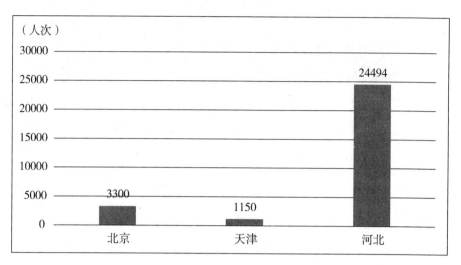

图 4-29   2020 年京津冀地区各地残疾人健身活动参加情况

数据来源:《中国残疾人事业统计年鉴》。

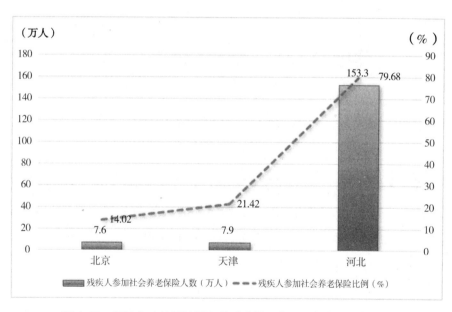

图 4-30   2020 年京津冀地区各地残疾居民参加社会养老保险情况

数据来源:《中国残疾人事业统计年鉴 2021》。

第二节 河北省基本公共服务均等化市域差异分析

根据《河北统计年鉴（2022）》《中国城市统计年鉴（2022）》，对 2021 年河北省基本公共服务市域差异分析如下。

一、河北省各地市基本公共教育服务差异分析

对 2021 年河北省各地市基本公共教育服务的 4 个指标数据计算均值和标准偏差，见表 4-1。

1. 万人学校数对比分析

由表 4-1 和图 4-31 可知，2021 年河北省各地市万人中学校数标准偏差为 0.13，其中秦皇岛、邯郸排名前列，廊坊、石家庄排名后两位。万人小学学校数标准偏差为 0.50，其中邯郸、沧州排名前列，石家庄、张家口排名后两位。

表 4-1 2021 年河北省各地市基本公共教育服务均等化数据

城市	万人中学校数（个）	中学师生比	万人小学学校数（个）	小学师生比
石家庄	0.38	7.38	1.32	5.57
承德	0.41	7.35	1.37	7.51
张家口	0.40	8.01	1.08	7.33
秦皇岛	0.50	9.38	1.34	7.27
唐山	0.45	8.89	1.48	6.32
廊坊	0.39	7.61	1.36	5.73
保定	0.45	7.40	1.78	6.10
沧州	0.47	6.82	1.85	5.46
衡水	0.45	7.63	1.39	6.37

城市	万人中学校数 （个）	中学师生比	万人小学学校数 （个）	小学师生比
邢台	0.42	7.04	1.46	5.83
邯郸	0.48	7.14	1.94	5.91
均值	0.44	7.70	1.49	6.31
标准偏差	0.13	2.34	0.50	1.95

数据来源：《河北统计年鉴（2022）》《中国城市统计年鉴（2022）》。

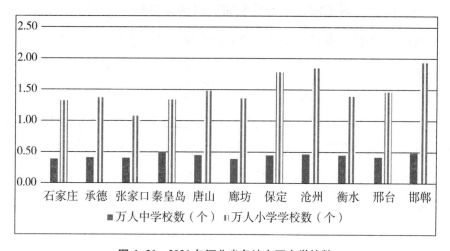

图 4-31　2021 年河北省各地市万人学校数

2. 中小学师生比对比分析

由表 4-1 和图 4-32 可知，2021 年河北省各地市中学师生比的标准偏差为 2.34，其中最高为秦皇岛，最低为沧州。小学师生比的标准偏差为 1.95，最高为承德，最低为沧州。

二、河北省各地市基本劳动创业就业服务差异分析

根据统计年鉴获得 2021 年河北省各地市基本劳动创业就业服务 2 个指标数据，并计算均值和标准偏差，见表 4-2。

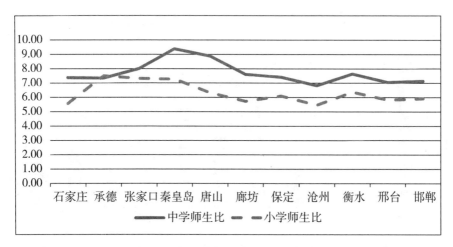

图 4-32 2021 年河北省各地市中小学师生比（%）

表 4-2 2021 年河北省各地市基本公共教育服务均等化数据

城市	城镇非私营单位就业人数（万人）	城镇非私营单位在岗职工平均工资（元）	城市	城镇非私营单位就业人数（万人）	城镇非私营单位在岗职工平均工资（元）
石家庄	104.45	85951	沧州	46.18	83935
承德	26.02	79265	衡水	24.50	73733
张家口	34.16	74183	邢台	40.90	71035
秦皇岛	27.76	86735	邯郸	51.72	74819
唐山	77.22	85892	均值	50.06	80767
廊坊	46.38	94614	标准偏差	25.00	7224
保定	71.38	78273			

数据来源：《河北统计年鉴（2022）》《中国城市统计年鉴（2022）》。

1. 城镇非私营单位就业人数对比分析

由表 4-2 和图 4-33 可知，2021 年河北省各地市城镇非私营单位就业人数中石家庄、唐山、保定排名前列，张家口、承德、衡水排名后三位。

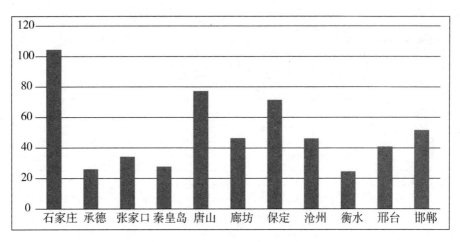

图 4-33　2021 年河北省各地市城镇非私营单位就业人数（万人）

2. 城镇非私营单位在岗职工平均工资对比分析

由表 4-2 和图 4-34 可知，2021 年河北省各地市城镇非私营单位在岗职工平均工资中石家庄、秦皇岛、廊坊排名前列，张家口、衡水、邢台排名后三位。

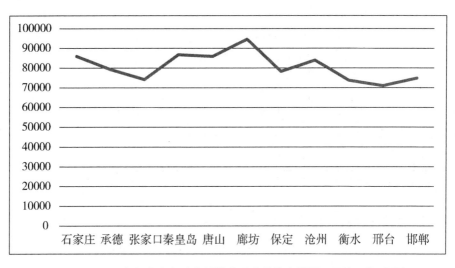

图 4-34　2021 年河北省各地市城镇非私营单位在岗职工平均工资（元）

三、河北省各地市基本社会保险服务差异分析

根据统计年鉴获得 2021 年河北省各地市基本社会保险服务 3 个指标数据，并计算均值和标准偏差，见表 4-3。

表 4-3 2021 年河北省各地市基本社会保险服务均等化数据

城市	城镇职工基本养老保险参保覆盖率（%）	失业保险参保覆盖率（%）	基本医疗保险参保覆盖率（%）
石家庄	36.03	12.47	86.90
承德	53.61	10.61	101.22
张家口	51.06	9.52	104.89
秦皇岛	40.26	14.74	97.19
唐山	43.17	15.29	94.19
廊坊	39.71	9.29	74.57
保定	50.44	7.81	94.61
沧州	50.46	7.81	93.42
衡水	56.82	7.54	96.85
邢台	57.22	7.64	103.74
邯郸	49.43	7.91	97.39
均值	48.02	10.06	95.00
标准偏差	7.17	2.89	8.44

数据来源：《河北统计年鉴（2022）》《中国城市统计年鉴（2022）》。

由表 4-3 和图 4-35 可知，2021 年河北省各地市基本社会保险服务中基本医疗保险参保覆盖率差距比较大，其标准偏差为 8.44；失业保险参保覆盖率差距比较小，其标准偏差为 2.89。城镇职工基本养老保险参保覆盖率均值为 48.02%，标准偏差为 7.17。

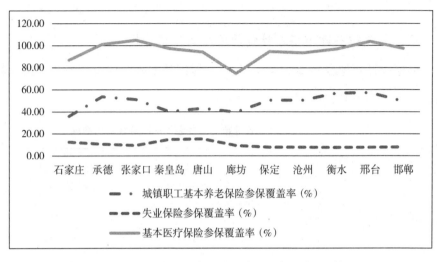

图 4-35 2021 年河北省各地市基本社会保险服务情况

四、河北省各地市基本医疗卫生服务差异分析

根据统计年鉴获得 2021 年河北省各地市基本医疗卫生服务 3 个指标数据，并计算均值和标准偏差，见表 4-4。

表 4-4 2021 年河北省各地市基本医疗卫生服务均等化数据

城市	万人医疗机构数（个）	万人床位数（张）	万人执业（助理）医师数（个）
石家庄	8.01	62.01	40.51
承德	13.52	76.76	35.22
张家口	14.40	68.35	30.06
秦皇岛	11.83	63.03	33.82
唐山	11.78	70.25	36.80
廊坊	11.16	49.02	31.80
保定	12.11	60.48	35.99
沧州	12.72	60.38	32.55

续表

城市	万人医疗机构数 （个）	万人床位数 （张）	万人执业 （助理）医师数 （个）
衡水	16.46	51.28	31.94
邢台	13.15	57.25	34.60
邯郸	11.32	63.38	29.69
均值	12.40	62.02	33.91
标准偏差	2.12	8.00	3.18

数据来源：《河北统计年鉴》（2022）、《中国城市统计年鉴》（2022）

由表4-4和图4-36可知，2021年河北省各地市基本医疗卫生服务中，万人医疗机构数方面，承德、张家口、衡水排名前列，石家庄排名最低，亟待提升医疗机构数量。万人床位数方面，张家口、唐山、承德排名前列，衡水最低。万人执业（助理）医师数方面，保定、唐山、石家庄排名前列，邯郸最低。

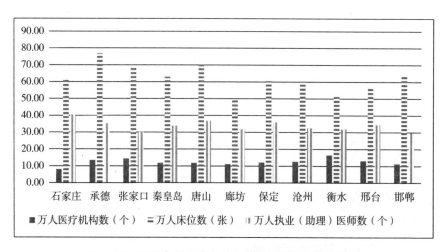

图4-36　2021年河北省各地市基本医疗卫生服务情况

五、河北省各地市基本基础设施服务差异分析

根据统计年鉴获得2021年河北省各地市基本基础设施服务3个指标数据，并计算均值和标准偏差，见表4-5。

表4-5　2021年河北省各地市基本基础设施服务均等化数据

城市	人均城市道路面积（平方米）	万人公共汽（电）车营运车辆数（辆）	万人出租汽车数（辆）
石家庄	6.07	3.96	7.47
承德	3.40	1.93	6.52
张家口	4.60	3.62	9.26
秦皇岛	8.27	4.86	12.72
唐山	6.41	3.69	6.64
廊坊	3.00	1.71	4.53
保定	3.91	1.40	3.09
沧州	1.93	1.78	2.65
衡水	2.63	2.28	3.19
邢台	3.21	1.76	3.76
邯郸	4.02	2.36	4.91
均值	4.31	2.67	5.88
标准偏差	1.89	1.16	3.07

数据来源：《河北统计年鉴（2022）》《中国城市统计年鉴（2022）》。

1. 河北省各地市人均城市道路面积对比分析

由表4-5和图4-37可知，秦皇岛、唐山、石家庄排名前列，沧州排名最低，各地市之间的差距比较大。

2. 河北省各地市公共交通情况对比分析

由表4-5和图4-38可知，2021年河北省各地市公共交通情况中，万人公共汽（电）车营运车辆数中，唐山、石家庄、秦皇岛排名前列，保定

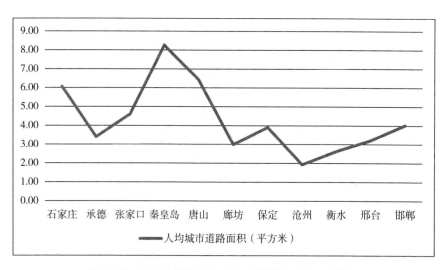

图 4-37 2021 年河北省各地市人均城市道路面积情况

最低。万人出租汽车数中，石家庄、张家口、秦皇岛排名前列，沧州排名最低，各地市之间的差距比较大。

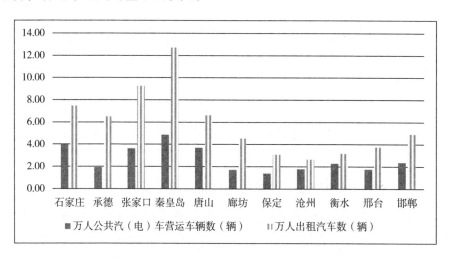

图 4-38 2021 年河北省各地市公共交通情况

六、河北省各地市基本住房保障服务差异分析

根据统计年鉴获得 2021 年河北省各地市基本住房保障服务 2 个指标数据，并计算均值和标准偏差，见表 4-6。

表 4-6　2021 年河北省各地市基本住房保障服务均等化数据

城市	人均商品房销售面积（平方米）	住宅占商品房销售面积的比重（％）	城市	人均商品房销售面积（平方米）	住宅占商品房销售面积的比重（％）
石家庄	0.59	93.47	沧州	0.81	96.92
承德	0.65	88.71	衡水	1.00	95.92
张家口	0.79	95.14	邢台	1.06	92.65
秦皇岛	0.69	86.21	邯郸	0.80	94.50
唐山	0.76	94.18	均值	0.86	93.46
廊坊	1.57	94.95	标准偏差	0.27	3.22
保定	0.71	95.38			

数据来源：《河北统计年鉴（2022）》《中国城市统计年鉴（2022）》。

1. 河北省各地市人均商品房销售面积对比分析

由表 4-6 和图 4-39 可知，2021 年河北省各地市人均商品房销售面积中，衡水、邢台、廊坊排名前列，石家庄最低，各地市之间的差距比较大。

2. 河北省各地市住宅占商品房销售面积的比重对比分析

由表 4-6 和图 4-40 可知，2021 年河北省各地市住宅占商品房销售面积的比重中，廊坊、保定、沧州占比最高，秦皇岛最低，各地市之间的差距不大，大部分城市占比超过 90%。

七、河北省各地市基本文化体育服务差异分析

根据统计年鉴获得 2021 年河北省各地市基本文化体育服务 2 个指标数

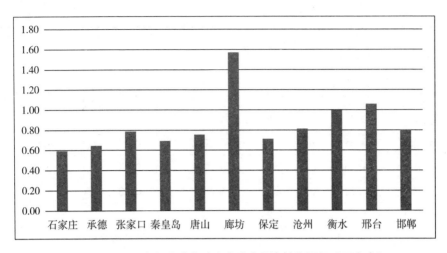

图 4-39 2021 年河北省各地市人均商品房销售面积（平方米）

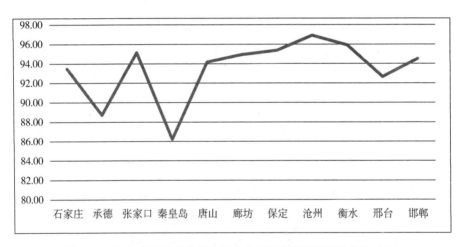

图 4-40 2021 年河北省各地市住宅占商品房销售面积的比重（%）

据，并计算均值和标准偏差，见表 4-7。

表 4-7 2021 年河北省各地市基本文化体育服务均等化数据

城市	人均公共图书馆图书藏量（册）	百万人博物馆数（个）	城市	人均公共图书馆图书藏量（册）	百万人博物馆数（个）
石家庄	0.39	2.36	沧州	0.44	1.92

续表

城市	人均公共图书馆图书藏量（册）	百万人博物馆数（个）	城市	人均公共图书馆图书藏量（册）	百万人博物馆数（个）
承德	0.36	4.20	衡水	0.34	1.43
张家口	0.43	2.68	邢台	0.39	1.13
秦皇岛	0.65	1.91	邯郸	0.29	1.60
唐山	1.26	2.21	均值	0.51	2.10
廊坊	0.72	1.26	标准偏差	0.28	0.85
保定	0.30	2.39			

数据来源：《河北统计年鉴（2022）》《中国城市统计年鉴（2022）》。

由表4-7和图4-41可知，2021年河北省各地市人均公共图书馆图书藏量中，唐山最高，为1.26册，邯郸最低，为0.29册，各地市之间的差距较大；百万人博物馆数中，承德最高，达4.20个/百万人，邢台最低，为1.13个/百万人，各地市之间的差距较大。这说明河北省各地市在基本文化体育服务方面差异较大，亟待提升。

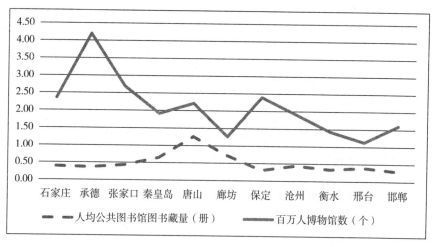

图4-41　2021年河北省各地市基本文化体育服务情况

八、河北省各地市基本生态环境服务差异分析

根据统计年鉴获得 2021 年河北省各地市基本生态环境服务 4 个指标数据，并计算均值和标准偏差，见表 4-8。

表 4-8　2021 年河北省各地市基本生态环境服务均等化数据

城市	万人绿地面积（公顷）	建成区绿化覆盖率（%）	污水处理厂集中处理率（%）	生活垃圾无害化处理率（%）
石家庄	14.81	40.45	99.70	100
承德	10.32	42.64	97.30	100
张家口	8.61	40.98	96.51	100
秦皇岛	21.26	41.20	97.10	100
唐山	14.84	43.53	99.20	100
廊坊	10.22	47.59	98.78	100
保定	7.95	43.67	99.85	100
沧州	4.45	43.42	99.97	100
衡水	9.83	43.53	99.20	100
邢台	8.61	42.12	98.22	100
邯郸	8.37	45.62	99.64	100
均值	10.84	43.16	98.68	100
标准偏差	4.55	2.09	1.22	0

数据来源：《河北统计年鉴（2022）》《中国城市统计年鉴（2022）》。

由表 4-8 和图 4-42 可知，2021 年河北省各地市基本生态环境服务差异方面，生活垃圾无害化处理率各地市均达到 100%，污水处理厂集中处理率均为 97% 以上，说明在这两个方面，各地市几乎没有什么差异。但在万人绿地面积和建成区绿化覆盖率方面存在不小差异。其中万人绿地面积方面，秦皇岛最高，达 21.26 公顷/万人，沧州最低，为 4.45 公顷/万人；建成区绿化覆盖率方面，廊坊最高，达 47.59%，张家口最低，为 40.98%。

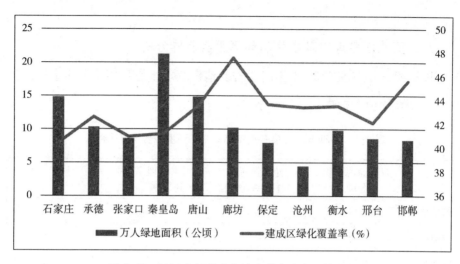

图 4-42 2021 年河北省各地市基本生态环境服务

第五章

河北省基本医疗卫生公共服务均等化差异分析

第一节 河北省基本医疗卫生服务的发展情况分析

一、背景

基本医疗卫生服务，是指维护人体健康所必需、与经济社会发展水平相适应、公民可公平获得的，采用适宜药物、适宜技术、适宜设备提供的疾病预防、诊断、治疗、护理和康复等服务。基本医疗卫生服务包括基本公共卫生服务和基本医疗服务。

近40年来，随着我国医疗卫生服务体系水平的不断提高，医疗技术水平也得到了巨大进步。新中国成立前，国民的平均期望寿命低至35岁，现在已提高至70岁，人均预期寿命增长一倍。我国的医疗条件已经发生了巨大变化，医疗服务的质量得到了极大提升，医疗服务体系也在不断完善，医疗机构也从最开始缺医少药看病难的状况，逐步过渡为拥有精湛的医疗技术、高尖端的医护人员以及优美环境的现代化医院，极大地改善了公民的就医环境。

2019年7月，国务院推出《关于实施健康中国行动的意见》，要求建立国家层面的健康中国行动推进委员会，并且制定印发了《健康中国行动

（2019—2030 年）》。围绕疾病的预防与促进健康发展这两大核心，改变人们的关注点，促进以疾病为中心向以健康为中心转变。并且推出了健康中国的顶层设计，绘制了健康中国的施工蓝图，人民将享受到更广、更多、更公平的医疗卫生服务资源。随着健康中国目标的实施与推进，全民的健康生活方式得到普及，健康素养水平得到大幅度提升，人均寿命也在逐步提高，健康公平也得到了基本实现。

《国务院关于实施健康中国行动的意见》中明确指出了"人民健康是民族昌盛和国家繁荣的重要标志，预防是最经济最有效的健康策略"。通过实施 15 项重大任务，将战略关口前移，努力使群众不生病、少生病，切实落实健康中国战略。2020 年年初暴发了新冠肺炎疫情，这场重大卫生突发事件是对我国医疗卫生服务体系的又一重大考验，全国人民团结一心，在中共中央总书记习近平的亲自指挥下，在 14 亿人民的共同努力下，用 3 个月的时间取得了武汉保卫战的胜利，用实际行动践行了健康中国战略。

2020 年是全面建成小康社会和"十三五"规划的收官之年，医疗卫生服务体系呈现出高质量发展趋势，卫生资源的总量也在持续增加，根据 2020 年公报显示，全国医疗卫生机构总数达 102.29 万个，比 2010 年 93.7 万个增加 8.59 万个。医院数量由 2010 年年末的 20918 个增加到 35394 个，增长 69.2%，呈现大幅度增加趋势。基层医疗卫生机构和专业公共卫生机构小幅度增加，基层医疗卫生机构由 90.2 万个增长到 97 万个，专业公共卫生机构由 11835 个增长到 14492 个，分别增长 7.5%、22.5%。卫生人员总数一直在持续增加并呈现结构优化和流向分化。2020 年年末，全国卫生人员总数达 1347.5 万人，比 2010 年增加 526.7 万人。我国医疗卫生服务体系正处于高质量发展期，为人民的健康生活提供了有力保障。

二、河北省医疗卫生服务的发展环境

1. 健康已成为改善民生的核心内容

健康是人类生存与发展的基本需求和条件，是人类一切活动最重要的价值取向。发展医疗卫生事业，关系千家万户的幸福，是重大民生问题。投资于维系和增进健康的卫生保健活动，全面提高广大人民群众生活质量，已成为坚持以人为本、促进人的全面发展的重要内容，最直接地体现了实现富民强省、促进社会和谐、使广大人民群众共享经济社会改革发展成果的执政理念。

2. 健康已成为促进经济社会转型发展的关键因素

健康就是财富，身体健康是全人类公认的最宝贵财富。面对经济发展方式的深刻转变，经济转型发展将更加依赖于劳动者健康素质提高等要素瓶颈的突破。发展医疗卫生事业，不断加大对健康影响因素的干预力度，进一步提高人群的健康水平和健康素养，将有力地保障人力资本的不断增长，进而形成经济持续健康发展的"源动力"。

3. 健康已成为实现社会公平正义的内在要求

健康是人最基本的权利，是社会的最高价值。健康公平是社会公正、公平的基础。在生存型社会向发展型社会转变的关键阶段，把基本医疗卫生服务制度作为公共产品提供，同步改善不同地区、不同人群健康状况，使人人享有基本医疗卫生服务，已成为更好地维护国民基本健康权益、实现社会公平和社会稳定的重要基石。随着社会经济的不断发展，我国居民健康水平得到了长足的进步，但与此同时，健康不公平形势依旧严峻，我们要努力消除健康知识的贫困和医疗信息的不对称，为公民提供大众化的、公平性的优质健康教育资源，不断减少健康资源不平等和分配不公平现象。

三、河北省医疗卫生服务事业的现实基础

1. 人群健康水平进一步提高

2022 年，全省居民健康素养水平提高到 27.78%，较 2021 年度提高 0.96 个百分点，其中城市居民健康素养水平为 30.49%，农村居民为 26.24%。石家庄、秦皇岛、唐山、邯郸、辛集等地居民健康素养高于全省平均水平①。

2. 医疗卫生服务能力明显增强

党的十八大以来，河北省不断深化卫生体制改革，医疗卫生服务体系不断完善，基础设施不断健全，医疗卫生服务能力全面提升，服务保障能力明显增强，全省卫生事业发展取得显著成绩。2021 年，全省医疗卫生机构 88162 个，其中医院 2395 个，医疗卫生机构和医院比 2017 年分别增加 7259 个和 548 个，增长率分别为 8.97% 和 29.67%。医疗卫生机构共设有床位 45.48 万张，比 2017 年增加 5.95 万张，增长 15.05%。其中，医院床位数由 29.98 万张增加到 36.02 万张，增长 20.15%。②

3. 医药卫生体制改革全面启动

按照国家深化医药卫生体制改革意见的要求，河北省医药卫生体制改革工作全面启动，并取得积极进展和明显成效，全民医保制度基本建立，公立医院全部取消药品加成，基本药物制度不断巩固，医疗卫生服务体系得到加强，人民健康水平稳步提高。到 2020 年年底前，全省所有村卫生室的人员、财务、药械、业务、准入退出、绩效考核等统一由乡镇卫生院负责管理。2021 年，河北省人均基本公共卫生服务经费补助标准提高到

---

① 2022 年河北省居民健康素养水平稳步提升［EB/OL］. 河北省卫生健康委员会，2023-03-09.

② 河北省统计局，国家统计局河北调查总队. 河北统计年鉴［M］. 北京：中国统计出版社，2023.

79元，新增项目资金统筹用于基本公共卫生服务和基层医疗卫生机构疫情防控工作。

4. 卫生发展的体制性、机制性、结构性和素质性等矛盾仍然突出

面对全面建成小康社会的目标任务和人民群众日益增长的健康需求，河北省卫生资源总量仍然不足，配置还不均衡，基层服务能力比较薄弱，看病难、看病贵的问题尚未从体制机制上得到根本解决，加强卫生人才、科技、信息等要素建设，提升卫生软实力的要求更为迫切。深化医药卫生体制改革迫切需要更加注重系统集成和综合推进，更加注重政策的协同联动，更加注重发挥改革整体效应，更好地维护和促进人民健康。

四、河北省医疗卫生服务事业发展现状

1. 各卫生机构数

从河北省各类卫生机构数总数上看，2017—2021年总体上呈不断增长的趋势，除2019年出现机构数少量减少外，从2017年的80903所增长到2021年的88162所，增长了8.97%。

河北省卫生机构大致可分为3大类，即医院、基层医疗卫生机构和专业公共卫生机构，共涉及15类之多，其中，医院包含公立医院、民营医院、综合医院、中医医院以及专科医院；基层医疗卫生机构包含社区卫生服务中心（站）、街道卫生院、乡镇卫生院、村卫生室以及门诊部（所）；专业公共卫生机构包含疾病预防控制中心、专科疾病防治院（所/站）、妇幼保健院（所/站）、健康教育所（站/中心）以及卫生监督所（中心）（见表5-1）。

表 5-1　2018—2021 年河北省各类卫生机构情况

分类	2018 年		2019 年		2020 年		2021 年	
	机构数（个）	比重（%）	机构数（个）	比重（%）	机构数（个）	比重（%）	机构数（个）	比重（%）
公立医院	713	0.84	699	0.83	700	0.81	699	0.79
民营医院	1392	1.64	1416	1.67	1544	1.78	1696	1.92
综合医院	1467	1.72	1452	1.72	1517	1.74	1589	1.80
中医医院	243	0.29	249	0.29	262	0.30	275	0.31
专科医院	353	0.41	372	0.44	413	0.48	476	0.54
社区卫生服务中心（站）	1383	1.63	1425	1.68	1459	1.68	1543	1.75
街道卫生院	0	0.00	0	0.00	2	0.00	0	0.00
乡镇卫生院	2006	2.36	1998	2.36	1996	2.30	1970	2.23
村卫生室	59047	69.40	59518	70.32	60183	69.23	59968	68.02
门诊部（所）	19796	23.27	18836	22.26	20331	23.39	21549	24.44
疾病预防控制中心	188	0.22	187	0.22	188	0.22	187	0.21
专科疾病防治院（所/站）	12	0.01	11	0.01	11	0.01	12	0.01
妇幼保健院（所/站）	187	0.22	187	0.22	187	0.22	184	0.21
健康教育所（站/中心）	2	0.00	2	0.00	2	0.00	2	0.00
卫生监督所（中心）	185	0.22	182	0.22	179	0.21	180	0.20
总计	85088	100.00	84637	100.00	86938	100.00	88162	100.00

资料来源：《河北统计年鉴（2022）》。

从机构分类看，村卫生室是最多的一类，占所有机构比重最大，2021年为66.39%，与2019年的68.78%相比，比重明显有所下降。排在第二位的是门诊部（所），2021年比重为23.86%，与2019年的21.77相比，比重明显在上升。这两类占比达到近90%，反映出其在河北省卫生服务方面发挥着巨大的作用。

2. 床位数

床位数反映卫生机构可接纳住院病人的总体情况，图 5-1 是 2017—2021 年河北省卫生机构床位数。从数据情况看，河北省医疗卫生机构床位数在不断增长，从 2017 年的 39.53 万张，增长到 2021 年的 45.48 万张，增幅 15.05%。

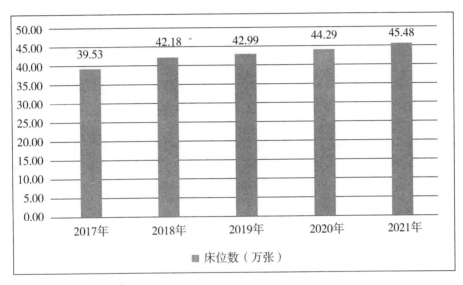

图 5-1　2017—2021 年河北省卫生机构床位数

数据来源：《河北统计年鉴（2022）》。

根据表 5-2，河北省各类卫生机构中，床位数最多的是公立医院，2018—2021 年占比均超过 56%；其次是民营医院和乡镇卫生院，其中民营医院呈现增长态势，乡镇卫生院呈现下降趋势，2021 年两类占比合计超过 35%；再次是社区卫生服务中心（站）和妇幼保健院（所/站）两类机构，2021 年占比合计超过 5%；专科疾病防治院（所/站）床位数占比较低，2021 年仅为 0.04%。

表5-2　2018—2021年河北省各类卫生机构床位数情况

分类	2018年		2019年		2020年		2021年	
	床位数（张）	比重（%）	床位数（张）	比重（%）	床位数（张）	比重（%）	床位数（张）	比重（%）
公立医院	236366	56.03	242023	56.29	252597	57.03	255268	56.12
民营医院	84313	19.99	86307	20.07	96012	21.68	104923	23.07
社区卫生服务中心（站）	13593	3.22	13573	3.16	8705	1.97	8415	1.85
乡镇卫生院	71831	17.03	71652	16.67	70168	15.84	69928	15.37
妇幼保健院（所/站）	13262	3.14	13999	3.26	14928	3.37	14443	3.18
专科疾病防治院（所/站）	175	0.04	180	0.04	183	0.04	192	0.04
总计	421836	100.00	429926	100.00	442932	100.00	454830	100.00

资料来源：《河北统计年鉴（2022）》。

3. 卫生人员数

卫生人员指在医疗、预防保健、医学科研和在职教育等卫生机构工作的职工，包括卫生技术人员、其他技术人员、管理人员和工勤人员。卫生技术人员，又称医务人员，指卫生事业机构支付工资的全部职工中现任职务为卫生技术工作的专业人员，包括中医师、西医师、中西医结合高级医师、护师、中药师、西药师、检验师、其他技师、中医士、西医士、护士、助产士、中药剂士、西药剂士、检验士、其他技士、其他中医、护理员、中药剂员、西药剂员、检验员和其他初级卫生技术人员。2021年年末，卫生人员中，卫生技术人员559404人，乡村医生和卫生员56605人，其他技术人员32271人，管理人员39263人，工勤技能人员41391人。与上年比较，卫生技术人员增加38905人，增长7.47%。卫生技术人员中，执业（助理）医师254233人，注册护士225018人。2021年年末卫生人员机构分布，医院360191人，占79.23%；基层医疗卫生机构79694人，占

17.53%；专业公共卫生机构14711人，占3.24%。2021年，每万人口执业（助理）医师34.13人。

河北省卫生技术人员数量在2017—2021年间呈不断上涨趋势，从2017年的42.51万人，增长到2021年的55.94万人，增幅为31.59%，具体情况如图5-2所示。

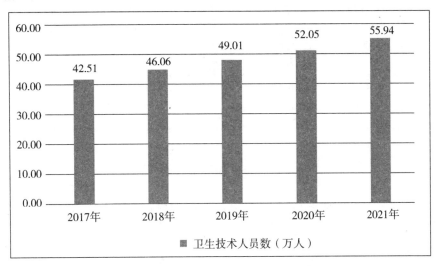

图5-2 2017—2021年河北省卫生技术人员数

数据来源：《河北统计年鉴（2022）》。

河北省每万人口执业（助理）医师数量在2017—2021年间呈不断上涨趋势，从2017年的25.90人，增长到2021年的34.13人，增幅为31.78%，具体情况如图5-3所示。

根据表5-3我们可以看到，在全省所有卫生技术人员中，数量占比最多的依次为执业（助理）医师、注册护士和执业医师，占比均超过20%，总和达到70%。其次为乡村医生和卫生员，占比呈现出逐年递减的趋势，从2018年的9.96%下降到2021年的6.52%。

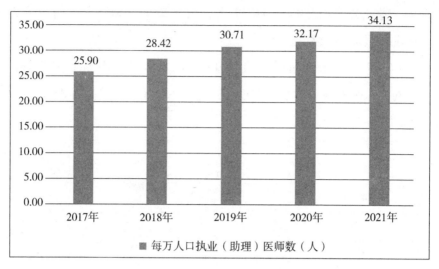

图 5-3 2017—2021 年河北省每万人口执业（助理）医师数

数据来源：《河北统计年鉴（2022）》。

表 5-3 2018—2021 年河北省各类卫生机构卫生人员数量情况

分类	2018 年		2019 年		2020 年		2021 年	
	人员数（人）	比重（%）	人员数（人）	比重（%）	人员数（人）	比重（%）	人员数（人）	比重（%）
执业（助理）医师	211038	28.89	228651	29.95	240106	29.91	254233	29.29
执业医师	164717	22.55	173553	22.73	185429	23.10	197942	22.81
注册护士	172831	23.66	184985	24.23	201659	25.12	225018	25.93
药师（士）	18833	2.58	19215	2.52	19812	2.47	21178	2.44
乡村医生和卫生员	72779	9.96	65657	8.60	61873	7.71	56605	6.52
其他技术人员	30180	4.13	30544	4.00	31149	3.88	32271	3.72
管理人员	22271	3.05	22975	3.01	23516	2.93	39263	4.52
工勤技能人员	37836	5.18	37830	4.96	39152	4.88	41391	4.77
总计	730485	100	763410	100	802696	100	867901	100

资料来源：《河北统计年鉴（2022）》。

4. 卫生总费用

卫生总费用是指一个国家或地区在一定时期内（通常是一年）全社会

用于医疗卫生服务所消耗的资金总额。卫生总费用由政府卫生支出、社会卫生支出和个人卫生支出三部分构成，从全社会角度反映卫生资金的全部运动过程，分析与评价卫生资金的筹集、分配和使用效果。卫生总费用，反映一个国家整体对卫生领域投入的高低。作为国际通行指标，卫生总费用被认为是了解一个国家卫生状况的有效途径之一，按照世界卫生组织的要求，发展中国家卫生总费用占 GDP 的比例不应低于 5%。

2021 年，河北省卫生总费用相比 2020 年有所上涨。2020 年河北省卫生总费用为 3069.08 亿元，其中政府卫生支出 848.36 亿元，占 27.64%；社会卫生支出 1271.43 亿元，占 41.43%；个人卫生支出 949.29 亿元，占 30.93%。相比之下，2021 年河北省卫生总费用达 3308.62 亿元，其中，政府卫生支出 849.92 亿元，占 25.69%；社会卫生支出 1466.63 亿元，占 44.33%；个人卫生支出 992.07 亿元，占 29.98%。

2017—2021 年河北省卫生总费用呈不断上涨趋势，从 2017 年的 2197.1 亿元，增长到 2021 年的 3308.62 亿元，增幅为 50.59%，具体情况如图 5-4 所示。

2021 年，河北省卫生总费用占 GDP 的比例为 8.19%，这一比例在 2020 年为 8.48%，2019 年为 8.37%，2018 年为 7.47%，2017 年为 6.11%。见表 5-4。

表 5-4　2017—2021 年河北省卫生总费用占 GDP 比重

年份	卫生总费用（亿元）	地区生产总值（亿元）	卫生总费用占 GDP 百分比（%）
2017 年	2197.10	30640.8	6.11
2018 年	2690.84	32494.6	7.47
2019 年	2939.94	34978.6	8.37
2020 年	3069.08	36013.8	8.48
2021 年	3308.62	40391.3	8.19

资料来源：《河北统计年鉴（2022）》。

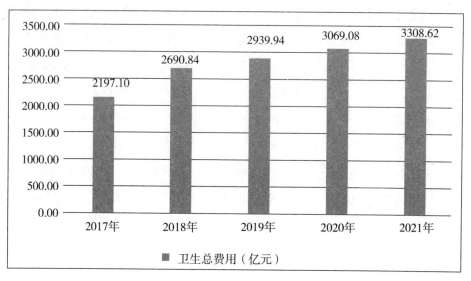

图 5-4 2017—2021 年河北省卫生总费用
资料来源:《河北统计年鉴(2022)》。

第二节 河北省基本医疗卫生服务均等化差异分析

一、基本医疗卫生服务均等化测量指标体系的构建

身体健康是人类永恒的追求,医疗卫生服务则是人类健康的基本保障。为完善公共卫生制度建设,促进基本公共卫生服务均等化,卫生部发布了《国家基本公共卫生服务规范(2011 年版)》,用以规范基本公共卫生项目管理,包括城乡居民健康档案管理、健康教育、预防接种、传染病及突发公共卫生事件报告等 11 项基本内容。为进一步规范国家基本公共卫生服务项目实施,2017 年卫计委对《国家基本公共卫生服务规范(2011 年版)》进行了修订,修改完善了有关内容,精简了部分工作指标,形成

《国家基本公共卫生服务规范（第三版）》（以下简称《规范》）。

本书参考《规范》的内容，结合医疗卫生服务的自身特点，在借鉴西奥多·H. 波伊斯特的"投入—过程—产出—效果"模型基础上，将影响医疗卫生服务水平的因素归结为投入、保障、产出和效果四个方面。对基本医疗卫生服务水平进行有效测度的关键就是要选择科学合理的指标体系，本书基于《规范》，结合《"十四五"公共服务规划》中涉及医疗卫生的内容，同时参考《河北统计年鉴》等文献，在综合考虑数据的代表性和可获得性原则基础上，构建了基本医疗卫生服务均等化测量指标体系。投入指标是指政府对医疗卫生服务的投入水平，包括经费投入和基础设施投入等内容；保障指标是指在接受医疗卫生服务时所能得到的物质和人员保障，比如足够的床位以及专业的医护人员等；产出指标是指医疗卫生资源投入产生的医疗卫生服务能力；效果指标反映的是投入医疗卫生资源和能力产生的实际效果，对人们身体健康产生怎样的效果。基本医疗卫生服务均等化测量指标体系如表5-5所示，各项指标说明如下。

表5-5 基本医疗卫生服务均等化水平评价指标体系

总目标	一级指标	二级指标
医疗卫生服务均等化水平	投入	人均一般公共预算卫生健康支出（元）
		每万人拥有医疗卫生机构数（个）
	保障	每万人拥有卫生技术人员数（人）
		每万人口执业（助理）医师数（人）
		每千人口医疗卫生机构床位数（张）
	产出	病床使用率（%）
		出院者平均住院日（日）
		人均医疗卫生机构诊疗次数（次）
	效果	急诊病死率（%）
		观察室病死率（%）
		住院病死率（%）

资料来源：笔者调查研究整理。

　　第一，投入指标。基本医疗卫生服务均等化投入指标包括"人均一般公共预算卫生健康支出"和"每万人拥有医疗卫生机构数量"两项内容。其中，人均一般公共预算卫生健康支出由一般公共预算卫生健康支出除以各城市人口总数获得，该项指标用于反映地方政府对医疗卫生的投入程度和重视程度。一个地区的医疗卫生机构数量反映了该地区医疗基础设施建设的水平，是衡量一个地区医疗资源的重要指标，每万人拥有医疗卫生机构数量由各城市医疗卫生机构总数除以总人口（万人）获得，消除了人口数量差异对投入效果的影响，从而更好地进行比较，能够更真实地反映各地区医疗卫生机构的建设水平。

　　第二，保障指标。基本医疗卫生服务均等化保障指标由"每万人拥有卫生技术人员数""每万人口执业（助理）医师数"以及"每千人口医疗卫生机构床位数"构成。每万人拥有卫生技术人员数和每万人口执业（助理）医师数两个指标反映出各城市对基本医疗卫生服务发展所提供的人力资源保障程度。每千人口医疗卫生机构床位数指标反映了基本医疗卫生服务机构所能提供服务的基本物质保障水平，这是医疗卫生服务得以发展和传承的重要载体。

　　第三，产出指标。基本医疗卫生服务均等化产出指标由"病床使用率""出院者平均住院日"以及"人均医疗卫生机构诊疗次数"三个指标构成。病床使用率是反映每天使用床位与实有床位的比率，即实际占用的总床日数与实际开放的总床日数之比。出院者平均住院日是指医院出院病人的平均住院天数，是评价住院医疗质量及医院管理水平的一个统计指标。诊疗人次是指医疗卫生机构进行治疗的总人次数的统称，是衡量医疗服务工作效能的重要指标。我们选择人均医疗卫生机构诊疗次数是为了消除不同城市人口所带来的差异，使得评价结果更加公正客观。

　　第四，效果指标。基本医疗卫生服务均等化效果指标由"急诊病死率""观察室病死率"以及"住院病死率"三个指标构成。病死率表示一定时期内，因患某种疾病死亡的人数占患病人总数的比例。病死率表示确诊疾病的死亡概率，不仅能够反映疾病的严重程度，还能在很大程度上反映医疗机构诊治能力等医疗水平。我们用急诊病死率、观察室病死率以及住院病死率三个指标反映不同城市的医疗卫生服务效能。

二、河北省各城市基本医疗卫生服务均等化水平测量

接下来，我们从"投入—保障—产出—效果"四个维度对河北省各城市医疗卫生服务均等化水平进行了测量，相关数据均来源于《河北统计年鉴（2022）》。

1. 各城市医疗卫生服务均等化投入指标分析

首先，总体来看，由图 5-5 和图 5-6 可知，河北省各城市医疗卫生服务投入水平虽存在差距，但仍相对平均，各城市医疗卫生服务均等化投入指标得分与河北省平均水平呈现较明显的线性分布。河北省各城市医疗卫生服务投入情况较好，其中，超过全省平均水平的城市有 6 个，占总数的 54.55%。其中，承德得分最高，在 2 个投入指标上表现均衡，分别位列河北省第 1 和第 2。秦皇岛市、保定市、廊坊市、邯郸市和石家庄市在医疗卫生投入总得分均低于全省平均水平。石家庄市作为河北省的省会，得分最低，仅为 167.04 分，与得分最高的承德市的 249.16 分相差 80 多分，说明在医疗卫生服务投入方面，石家庄市表现欠佳，后续应该加大对医疗卫生服务领域的投入力度。尤其是每万人拥有的医疗卫生机构数这个指标，石家庄市位列倒数第 1，后续应该加强石家庄市的医疗卫生机构建设。此外，其他地市也应该加强医疗卫生服务的投入力度，更好地提高医疗卫生服务的保障水平。

其次，从各二级指标来看（见表 5-6），在人均一般公共预算卫生健康支出方面，全省共只有 3 个城市高于全省平均水平，分别是承德市、唐山市和张家口市，其中承德市的分值最高，为 134.98 分。其余 8 个城市的

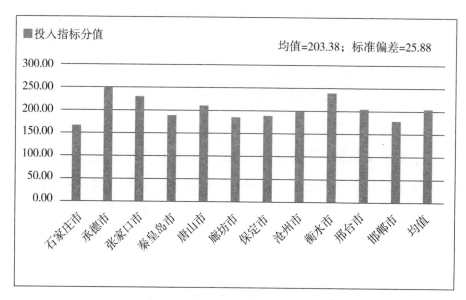

图 5-5 河北省各城市医疗卫生服务均等化投入指标分值分布柱状图

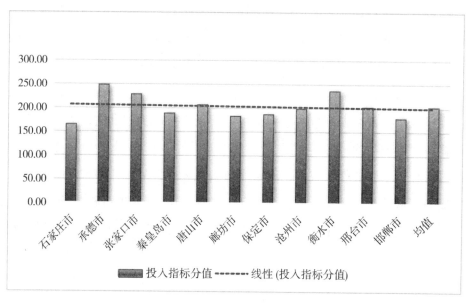

图 5-6 河北省各城市医疗卫生服务均等化投入指标分值分布趋势图

得分均低于河北省平均水平，但是与平均值差距不大，得分最少的邯郸市为 83.47 分,反映出在人均一般公共预算卫生健康支出方面,河北省均等化情况较好。在每万人拥有医疗卫生机构数量方面,全省共有 6 个城市高于全省平均水平,秦皇岛市、唐山市、邯郸市、廊坊市和石家庄市 5 个城市的得分明显低于全省平均水平,并且只有石家庄市的得分远低于全省平均水平,其他 4 个城市仅仅略低于全省平均水平,反映出石家庄市在医疗卫生机构建设投入方面存在很大短板,在后续公共服务设施建设方面要加大投入力度。

表 5-6 河北省各城市医疗卫生服务均等化投入指标分值统计表

地区	人均一般公共预算卫生健康支出(元)	分值	排名	每万人拥有医疗卫生机构数(个)	分值	排名	投入指标分值	排名
全省	1145.93	100	—	11.84	100	—	200	—
石家庄市	1138.28	99.33	4	8.01	67.71	11	167.04	11
承德市	1546.82	134.98	1	13.51	114.18	3	249.16	1
张家口市	1239.13	108.13	3	14.40	121.67	2	229.81	3
秦皇岛市	1024.21	89.38	9	11.83	99.92	7	189.30	7
唐山市	1248.32	108.93	2	11.78	99.50	8	208.43	4
廊坊市	1028.75	89.77	8	11.16	94.30	10	184.08	9
保定市	982.28	85.72	10	12.11	102.29	6	188.01	8
沧州市	1061.56	92.64	7	12.72	107.49	5	200.12	6
衡水市	1125.95	98.26	5	16.46	139.02	1	237.28	2
邢台市	1074.80	93.79	6	13.14	111.05	4	204.84	5
邯郸市	956.53	83.47	11	11.32	95.66	9	179.13	10

2. 各城市基本医疗卫生服务均等化保障指标分析

首先,总体来看,由图 5-7 和图 5-8 可知,河北省各城市基本医疗卫生服务保障水平之间差距较小,分值相对平均,均在 260—340 分,各城市基本医疗卫生服务均等化保障指标得分与河北省平均水平呈现明显的线性分布。其中,超过全省平均水平的城市有 5 个,分别为保定市、秦皇岛

市、唐山市、承德市和石家庄市，约占总数的 45.45%。其中，石家庄市
在基本医疗卫生服务保障方面表现最好，得分为 338.87 分，但与其他城
市相比，并没有巨大优势。其他 6 个城市，张家口市、邢台市、沧州市、
邯郸市、廊坊市和衡水市的得分均低于全省平均水平，得分最低的衡水市
为 266.32 分，和最高分的石家庄市相差 72.55 分，说明在基本医疗卫生服
务保障方面各城市并不存在较大差距，在均等化建设方面情况较好。

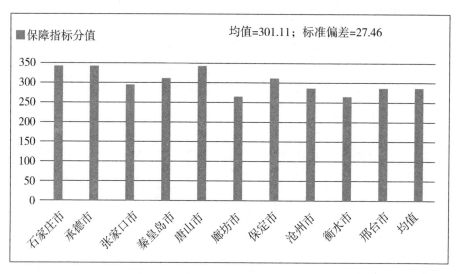

图 5-7　河北省各城市基本医疗卫生服务均等化保障指标分值分布柱状图

其次，从各二级指标来看（见表 5-7），在每万人拥有卫生技术人员
数量方面，全省共有 5 个城市高于平均水平，分别是保定市、秦皇岛市、
承德市、唐山市和石家庄市，其中石家庄市的分数最高为 118.71 分，与
其他城市相比优势并不明显；而低于河北省平均分值的 6 个城市中，最低
的邯郸市得分为 88.59 分，各城市表现比较均衡，发展情况较好，后续应
继续保持良好态势并进一步缩小差距。在每万人口执业（助理）医师数量
方面，全省共有 5 个城市高于全省平均水平，分别是邢台市、承德市、保
定市、唐山市和石家庄市，其中石家庄市的分值最高，为 118.69 分，与
其他城市相比优势并不明显。此外，在低于全省平均水平的 6 个城市中，

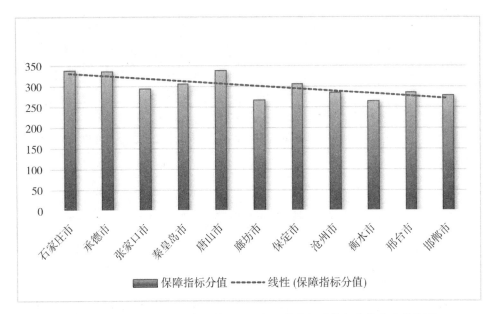

图 5-8 河北省各城市基本医疗卫生服务均等化保障指标分值分布趋势图

邯郸市的得分最低，为 86.99 分，与最高分相差 31.7，差距并不明显，可以看出在执业（助理）医师人才队伍建设保障方面，各城市均等化程度相对较好，并且均达到 85 分以上。

表 5-7 河北省各城市基本医疗卫生服务均等化保障指标分值统计表

地区	每万人拥有卫生技术人员数（人）	分值	排名	每万人口执业（助理）医师数（人）	分值	排名	每千人口医疗卫生机构床位数（张）	分值	排名	保障指标分值	排名
全省	75.11	100	—	34.13	100	—	6.11	100	—	300	—
石家庄市	89.16	118.71	1	40.51	118.69	1	6.2	101.47	6	338.87	1
承德市	81.83	108.95	3	35.22	103.17	4	7.68	125.70	1	337.81	3
张家口市	71.25	94.86	6	30.06	88.06	10	6.84	111.95	3	294.87	6
秦皇岛市	79.41	105.73	4	33.82	99.09	6	6.3	103.11	5	307.93	4
唐山市	86.92	115.73	2	36.80	107.82	2	7.03	115.06	2	338.61	2

地区	每万人拥有卫生技术人员数（人）	分值	排名	每万人口执业（助理）医师数（人）	分值	排名	每千人口医疗卫生机构床位数（张）	分值	排名	保障指标分值	排名
廊坊市	70.62	94.03	7	31.80	93.17	9	4.9	80.20	11	267.39	10
保定市	77.49	103.17	5	35.99	105.43	3	6.05	99.02	7	307.62	5
沧州市	69.28	92.24	8	32.55	95.34	7	6.04	98.85	8	286.44	8
衡水市	66.69	88.80	10	31.94	93.56	8	5.13	83.96	10	266.32	11
邢台市	69.10	92.00	9	34.60	101.36	5	5.72	93.62	9	286.97	7
邯郸市	66.54	88.59	11	29.69	86.99	11	6.34	103.76	4	279.35	9

在每千人口医疗卫生机构床位数量方面，全省共有 6 个城市高于全省平均水平，分别是石家庄市、秦皇岛市、邯郸市、唐山市和承德市，其中承德市的分值最高，为 125.70 分，与其他城市相比优势并不明显。在低于全省平均水平的 5 个城市中，廊坊市的得分最低，为 80.20 分。可以看出在医疗卫生机构床位数量建设方面，各城市均等化程度较好，并且均达到 80 分以上。得分低于全省平均水平的地市要加大卫生机构床位建设的投入力度，确保公众的基本医疗需求。

3. 各城市基本医疗卫生服务均等化产出指标分析

首先，总体来看，由图 5-9 和图 5-10 可知，河北省各城市基本医疗卫生服务产出水平相对均衡，各城市基本医疗卫生服务均等化产出指标得分与河北省平均水平呈现明显的线性分布，且所有分值均集中在 270—340 分，没有明显的极低值和极高值。其中，超过全省平均水平的城市有 5 个，分别为秦皇岛市、唐山市、石家庄市、承德市和沧州市，约占总数的 45.45%。其中，沧州市在基本医疗卫生服务产出方面成效显著，得分为 337.55 分。值得注意的是，廊坊市在该项内容上表现欠佳，位列最后，究其原因主要是因为在病床使用率和出院者平均住院日方面得分较低，拉低

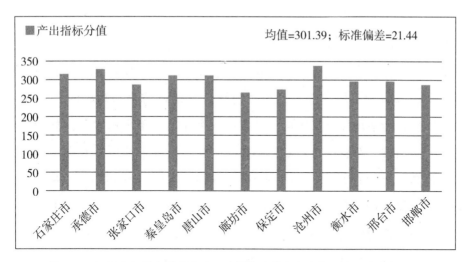

图 5-9 河北省各城市基本医疗卫生服务均等化产出指标分值分布柱状图

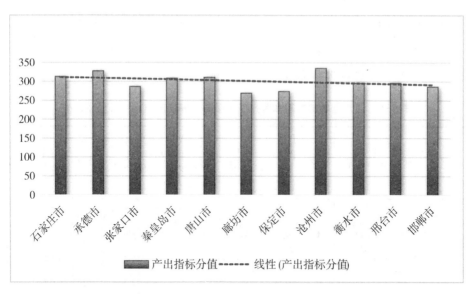

图 5-10 河北省各城市基本医疗卫生服务均等化产出指标分值分布趋势图

了整体分值。

其次,从各二级指标来看(见表5-8),在病床使用率方面,全省有5个城市高于平均水平,分别是邯郸市、石家庄市、秦皇岛市、唐山市和沧州市，沧州市的得分为118.00分，与其他城市相比优势不明显。低于全省平均水平的城市有6个，其中廊坊市最低，分值为77.79分，与平均值相差不大，反映出河北省各城市在病床使用率方面表现均衡。石家庄市作为省会城市病床使用率较高，说明公众还是信赖省会城市的医疗卫生服务。在出院者平均住院日方面，全省有6个城市高于平均水平，分别是邢台市、唐山市、石家庄市、秦皇岛市、张家口市和承德市，其中承德市的分值最高，为111.96分，与平均值较为接近。而低于全省平均水平的5个城市中，得分最低的廊坊市为91.30分，反映出在出院者平均住院日方面，各城市较为接近，均等化程度较好。在人均医疗卫生机构诊疗次数方面，全省共有5个城市高于平均水平，分别是廊坊市、衡水市、石家庄市、承德市和沧州市，其中沧州市的分值最高为124.99分。其他6个低于全省平均水平的城市中，均在80分以上，张家口市分值最低为84.32，反映在医疗卫生诊疗次数方面河北省表现相对均衡。张家口市人均医疗卫生机构诊疗次数相对较少，需要进一步挖掘原因。

表5-8　河北省各城市基本医疗卫生服务均等化产出指标分值统计表

地区	病床使用率（%）	分值	排名	出院者平均住院日（日）	分值	排名	人均医疗卫生机构诊疗次数（次）	分值	排名	产出指标分值	排名
全省	68.9	100	—	9.2	100	—	5.35	100	—	300	—
石家庄市	71.8	104.21	4	9.6	104.35	4	5.69	106.33	3	314.89	3
承德市	68.5	99.42	6	10.3	111.96	1	6.35	118.70	2	330.07	2
张家口市	66.7	96.81	9	9.8	106.52	2	4.51	84.32	11	287.64	8
秦皇岛市	72.2	104.79	3	9.8	106.52	2	5.19	97.00	8	308.31	5
唐山市	75.5	109.58	2	9.5	103.26	5	5.25	98.04	7	310.88	4
廊坊市	53.6	77.79	11	8.4	91.30	11	5.42	101.36	5	270.46	11
保定市	60.4	87.66	10	8.9	96.74	7	4.80	89.64	9	274.04	10
沧州市	81.3	118.00	1	8.7	94.57	10	6.69	124.99	1	337.55	1

续表

地区	病床使用率（%）	分值	排名	出院者平均住院日（日）	分值	排名	人均医疗卫生机构诊疗次数（次）	分值	排名	产出指标分值	排名
衡水市	66.8	96.95	8	8.9	96.74	7	5.58	104.31	4	298.00	6
邢台市	67.5	97.97	7	9.2	100.00	6	5.29	98.83	6	296.80	7
邯郸市	70.6	102.47	5	8.9	96.74	7	4.67	87.38	10	286.59	9

4. 各城市基本医疗卫生服务均等化效果指标分析

对各城市基本医疗卫生服务均等化效果指标进行分析的时候有两点说明，一是用死亡率作为指标，属于逆向指标，因此分值越大说明医疗卫生服务效果越不好，因此在进行数据处理时要做逆向处理。二是观察室病死率指标差距过大，为防止某些地市得分过高，影响最终结果，将这个指标取对数再计算得分。

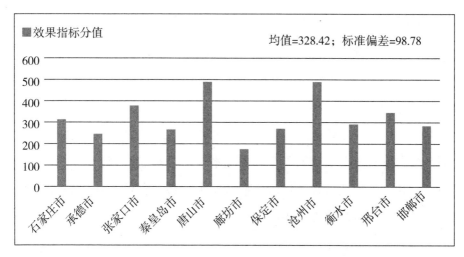

图5-11 河北省各城市基本医疗卫生服务均等化效果指标分值分布柱状图

总体来看，由图5-11和图5-12可知，河北省各城市基本医疗卫生服务效果水平存在较大差距。其中，效果水平好于全省平均水平的城市有5个，分别为石家庄市、邢台市、张家口市、唐山市和沧州市，约占总数的

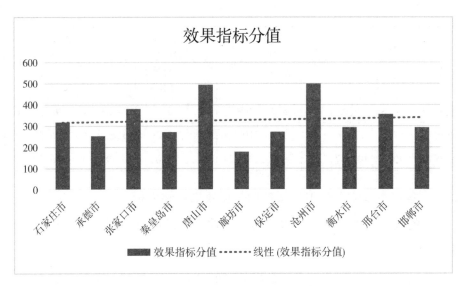

图5-12　河北省各城市基本医疗卫生服务均等化效果指标分值分布趋势图

45.45%，反映出河北省基本医疗卫生服务效果方面整体情况较好。其中，沧州市在基本医疗卫生服务效果方面成效显著，远远优于其他城市。低于全省平均水平的城市中廊坊市得分低于200分，与最高得分的沧州市差320分以上。河北省基本医疗卫生服务均等化效果指标得分的标准偏差为98.78，整体表现差距较大。

　　其次，从各二级指标来看（见表5-9），在医疗卫生机构急诊病死率方面，全省只有3个城市低于全省平均水平，分别是石家庄市、沧州市和唐山市，其中，唐山市在急诊病死率方面表现最好，仅为0.11%，反映出唐山在急诊科室抢救方面表现突出，应急处置能力较强。高于全省平均水平的8个城市与全省平均水平差距并不十分明显，其中，邯郸市急诊病死率最高为0.35%，在后续工作中要加强并完善急诊室的应急抢救工作，降低病死率。在医疗卫生机构观察室病死率方面，河北省各地差距比较大。全省有8个城市都低于全省平均水平，门诊观察室病死率都比较低，说明这几个城市的门诊观察室医疗服务效果较好。而廊坊市观察室病死率最高，为0.56%，值得引起医疗机构的足够重视，在后续要提高观察室的应急处置能力和水平，降低观察室病死率。在医疗卫生机构住院病死率方面，全省有4个城市均低于全省平均水平，分别是承德市、唐山市、邯郸市和沧州市，反映在医疗卫生机构住院治疗方面，河北省整体情况较好。另外7个城市的住院病死率高于全省平均水平，尤其是秦皇岛市，位列最后，病死率为0.71%，应该引起注意，加强住院病人的医护管理，提高医疗机构住院科室的医疗服务水平，降低病死率。

表5-9 河北省各城市基本医疗卫生服务均等化效果指标分值统计表

地区	急诊病死率（%）	分值	排名	观察室病死率（%）	分值	排名	住院病死率（%）	分值	排名	效果指标分值	排名
全省	0.18	100	—	0.16	100	—	0.40	100	—	300	—
石家庄市	0.16	112.50	3	0.11	120.45	5	0.47	85.11	7	318.05	5
承德市	0.19	94.74	4	0.42	47.34	10	0.36	111.11	4	253.19	10
张家口市	0.21	85.71	9	0.02	213.47	1	0.49	81.63	9	380.82	3
秦皇岛市	0.19	94.74	4	0.11	120.45	5	0.71	56.34	11	271.52	9
唐山市	0.11	163.64	1	0.02	213.47	1	0.34	117.65	3	494.75	2
廊坊市	0.23	78.26	10	0.56	31.64	11	0.58	68.97	10	178.87	11
保定市	0.19	94.74	4	0.22	82.62	9	0.42	95.24	6	272.60	8
沧州市	0.15	120.00	2	0.02	213.47	1	0.24	166.67	1	500.14	1
衡水市	0.20	90.00	8	0.11	120.45	5	0.48	83.33	8	293.78	6
邢台市	0.19	94.74	4	0.05	163.47	4	0.41	97.56	5	355.77	4
邯郸市	0.35	51.43	11	0.11	120.45	5	0.33	121.21	2	293.09	7

5. 各城市基本医疗卫生服务均等化总体指标分析

通过以上"投入—产出—保障—效果"四部分的分析，将四部分的情况汇总到表5-10，可以清晰地呈现河北省各城市基本医疗卫生服务均等化方面的基本情况。整体方面，唐山、沧州、张家口位于前三位，基本医疗卫生服务均等化水平最高；保定、邯郸、廊坊位于后三位，基本医疗卫生服务均等化水平最低。从各指标来看，各城市差距也比较大。投入指标方面，承德排名第一，石家庄排名倒数第一。石家庄市作为河北省的省会，在医疗卫生领域发展过程中，投入最少，这与省会城市的实际需求不相符，需要进一步加强投入。保障指标方面，石家庄排名第一，衡水排名倒数第一。这说明石家庄作为省会城市，基本医疗卫生服务保障做得不错。产出指标方面，沧州排名第一，廊坊排名倒数第一。效果指标方面，沧州排名第一，廊坊排名倒数第一。产出指标和效果指标方面，廊坊排名倒数第一，说明其在产出、效果方面亟需提升。

表5-10　河北省各城市基本医疗卫生服务均等化总体指标统计表

地区	投入指标分值	排名	保障指标分值	排名	产出指标分值	排名	效果指标分值	排名	总分值	排名
全省	200	—	300	—	300	—	300	—	1100	—
石家庄市	167.04	11	338.87	1	314.89	3	318.05	5	1138.85	6
承德市	249.16	1	337.81	3	330.07	2	253.19	10	1170.23	4
张家口市	229.81	3	294.87	6	287.64	8	380.82	3	1193.14	3
秦皇岛市	189.3	7	307.93	4	308.31	5	271.52	9	1077.06	8
唐山市	208.43	4	338.61	2	310.88	4	494.75	2	1352.67	1
廊坊市	184.08	9	267.39	10	270.46	11	178.87	11	900.80	11
保定市	188.01	8	307.62	5	274.04	10	272.6	8	1042.27	9
沧州市	200.12	6	286.44	8	337.55	1	500.14	1	1324.25	2
衡水市	237.28	2	266.32	11	298	6	293.78	6	1095.38	7
邢台市	204.84	5	286.97	7	296.8	7	355.77	4	1144.38	5
邯郸市	179.13	10	279.35	9	286.59	9	293.09	7	1038.16	10

第六章

河北省基本公共服务均等化水平
时空分异研究

第一节　河北基本公共服务均等化指标体系构建

一、构建原则及指标体系选择

在参考国内外研究成果的基础上，根据指标体系构建的科学性原则、合理性原则、系统性原则和数据可获得性原则，结合河北省基本公共服务目录清单，构建河北省基本公共服务均等化评价指标体系，包含 8 个一级指标和 23 个二级指标（具体如表 6-1 所示）。

表 6-1　河北省基本公共服务均等化评价指标体系

一级指标	二级指标	计算方法
基本公共教育	万人中学校数（个）	中学学校数/总人口
	中学师生比	中学专任教师数/中学在校生
	万人小学学校数（个）	小学学校数/总人口
	小学师生比	小学专任教师数/中学在校生
基本劳动创业就业	城镇非私营单位就业人数（人）	—
	城镇非私营单位在岗职工平均工资（元）	—

续表

一级指标	二级指标	计算方法
基本社会保险	城镇职工基本养老保险参保覆盖率（%）	城镇职工基本养老保险参保人数/总人口
	失业保险参保覆盖率（%）	失业保险参保人数/总人口
	基本医疗保险参保覆盖率（%）	基本医疗保险参保人数/总人口
基本医疗卫生	万人医疗机构数（个）	医疗机构数/总人口
	万人床位数（张）	医院床位数/总人口
	万人执业（助理）医师数（个）	执业（助理）医师数/总人口
基本基础设施	人均城市道路面积（平方米）	城市道路面积/总人口
	万人公共汽（电）车营运车辆数（辆）	公共汽（电）车营运车辆数（辆）/总人口
	万人出租汽车数（辆）	出租汽车数（辆）/总人口
基本住房保障	人均商品房销售面积（平方米）	商品房销售面积/总人口
	住宅占商品房销售面积的比重（%）	住宅销售面积/商品房销售面积
基本文化体育	人均公共图书馆图书藏量（册）	公共图书馆图书藏量（万册）/总人口
	百万人博物馆数（个）	博物馆个数/总人口
基本生态环境	万人绿地面积（公顷）	绿地面积/总人口
	建成区绿化覆盖率（%）	—
	污水处理厂集中处理率（%）	—
	生活垃圾无害化处理率（%）	—

二、各类指标解释说明

1. 基本公共教育方面指标包括万人中学校数（个）、中学师生比、万人小学学校数（个）、小学师生比等四个方面的二级指标，主要用于反映河北省各地市在义务教育方面的基本公共教育服务均等化差异。

2. 基本劳动创业就业方面的指标包括城镇非私营单位就业人数（万人）和城镇非私营单位在岗职工平均工资（元）两个方面，反映河北省各地市在基本劳动创业就业服务方面的差异。

3. 基本社会保险方面的指标有城乡居民基本养老保险参保覆盖率（%）、失业保险参保覆盖率（%）和基本医疗保险参保覆盖率（%），用覆盖率指标，剔除人口因素影响，能更好地反映河北省各地市基本社会保险方面的差异。

4. 基本医疗卫生方面的指标有万人医疗卫生机构数（个）、万人床位数（张）、万人执业（助理）医师数（个）等，反映河北省各地市在基本医疗卫生机构数、床位数和人员数方面的差异。

5. 基本基础设施方面的指标有人均城市道路面积（平方米）、万人公共汽（电）车营运车辆数（辆）、万人出租汽车数（辆）等指标，用于反映河北省各地市在道路面积、公共交通方面的差异。

6. 基本住房保障方面的指标有人均商品房销售面积（平方米）和住宅占商品房销售面积的比重（%），用于反映河北省各地市在基本住房保障方面的差异。

7. 基本文化体育方面的指标有人均公共图书馆图书藏量（册）和百万人博物馆数（个），用于反映河北省各地市在基本文化体育方面的产业。

8. 基本生态环境方面的指标有万人绿地面积（公顷）、建成区绿化覆盖率（%）、污水处理厂集中处理率（%）、生活垃圾无害化处理率（%）等，用于反映河北省各地市在基本生态环境方面的差异。

三、数据来源

根据表 6-1 河北省基本公共服务均等化水平测度指标体系的 8 个方面的 23 个二级指标对 2017—2021 年河北省各地市基本公共服务均等化水平进行测度分析。数据来源于历年《中国统计年鉴》《中国城市统计年鉴》《河北统计年鉴》。一些指标直接由上述年鉴获得，大多数指标剔除了人口因素等影响，由相应数据计算而来，具体计算公式见表 6-1。

四、基于全局熵值法测度模型

建立河北省基本公共服务均等化测度指标体系，需要确定 23 个二级指标的权重。确定权重的方法有很多，有主观赋值法和客观赋值法。考虑到我们的数据是面板数据，因此使用全局熵值法来确定权重。全局熵值法是对传统熵值法的改进。它既保留了熵值法客观赋权的优势，又引入全局思想对评价指标进行多维度对比分析。其基本思想是将立体时序数据表按照时间顺序整理成二维表，再按照传统熵值法进行计算。接下来我们按照全局熵值法的思路确定指标体系权重并获得测度结果，具体计算步骤如下：

1. 如果对 t 年内 m 个地区的 n 个变量进行评价，可以通过收集数据得到 t 张截面数据表 $X^t = (x_{ij})_{m \times n}$，引入全局思想将这 t 张表格按照时间顺序排列到一起，构成一个 $mt \times n$ 阶全局评价矩阵，记作：

$$X = (X^1, X^2, \cdots, X^t)'_{mt \times n} = (x_{ij})_{mt \times n} \tag{1}$$

在上式中 x_{ij} 表示第 i 个城市第 j 个指标的数值。m 为城市数量，n 为二级指标数量。

2. 由于全局评价矩阵 X 中的数据在量纲、计算单位、数量级等方面存在较大差异，不能直接进行合成计算，必须对其进行规范化处理，公式如下：

$$正指标：x'_{ij} = \frac{x_{ij} - \min_i x_{ij}}{\max_i x_{ij} - \min_i x_{ij}} \times 99 + 1 \tag{2}$$

$$负指标：x'_{ij} = \frac{\max_i x_{ij} - x_{ij}}{\max_i x_{ij} - \min_i x_{ij}} \times 99 + 1 \tag{3}$$

$(1 \leqslant i \leqslant mt, \ 1 \leqslant j \leqslant n)$

3. 计算第 j 项指标下第 i 个地区在该指标中所占比重。公式如下：

$$f_{ij} = \frac{x'_{ij}}{\sum_{i=1}^{mt} x'_{ij}} \tag{4}$$

$(1 \leqslant i \leqslant mt, \ 1 \leqslant j \leqslant n)$

4. 计算指标信息熵。公式如下：

$$e_j = - k \sum_{i=1}^{mt} f_{ij} \, lnf_{ij} \tag{5}$$

$$(1 \leqslant i \leqslant mt, \ 1 \leqslant j \leqslant n)$$

其中 k 为常数，等于 lnmt 的倒数。

5. 计算信息熵冗余度。公式如下：

$$g_j = 1 - e_j \tag{6}$$

6. 计算指标权重。公式如下：

$$\omega_j = \frac{g_j}{\sum_{j=1}^{n} g_j} \tag{7}$$

7. 计算综合评价得分：

$$F_i = \sum_{j=1}^{n} \omega_j x'_{ij} \tag{8}$$

五、河北省基本公共服务均等化水平测度结果

基于全局熵值法确定 23 个二级指标权重（见表 6-2 所示），并获得 2017—2021 年河北省基本公共服务均等化水平测度结果（表 6-3）。

表 6-2　河北省基本公共服务均等化评价指标体系权重

一级指标	二级指标	权重
基本公共教育	万人中学校数（个）	0.0296
	中学师生比	0.0510
	万人小学学校数（个）	0.0367
	小学师生比	0.0621
基本劳动创业就业	城镇非私营单位就业人数（人）	0.0827
	城镇非私营单位在岗职工平均工资（元）	0.0401

续表

一级指标	二级指标	权重
基本社会保险	城镇职工基本养老保险参保覆盖率（%）	0.0348
	失业保险参保覆盖率（%）	0.0565
	基本医疗保险参保覆盖率（%）	0.0168
基本医疗卫生	万人医疗机构数（个）	0.0214
	万人床位数（张）	0.0433
	万人执业（助理）医师数（个）	0.0287
基本基础设施	人均城市道路面积（平方米）	0.0564
	万人公共汽（电）车营运车辆数（辆）	0.0539
	万人出租汽车数（辆）	0.0883
基本住房保障	人均商品房销售面积（平方米）	0.0307
	住宅占商品房销售面积的比重（%）	0.0131
基本文化体育	人均公共图书馆图书藏量（册）	0.0731
	百万人博物馆数（个）	0.0951
基本生态环境	万人绿地面积（公顷）	0.0459
	建成区绿化覆盖率（%）	0.0268
	污水处理厂集中处理率（%）	0.0082
	生活垃圾无害化处理率（%）	0.0048

表6-3 2017—2021年河北省11地市基本公共服务均等化水平

测度得分及排名一览表

城市	2017年		2018年		2019年		2020年		2021年	
	得分(分)	排名	得分(分)	排名	得分(分)	排名	得分(分)	排名	得分(分)	排名
石家庄	46.17	2	40.17	3	41.88	4	42.51	3	46.49	3
承德	36.27	4	30.24	6	31.92	7	41.59	4	41.87	5
张家口	31.90	5	32.72	4	36.27	5	41.23	5	42.77	4
秦皇岛	56.45	1	52.77	1	53.94	1	56.44	1	57.71	2
唐山	42.08	3	40.96	2	46.92	2	52.22	2	59.07	1

城市	2017 年		2018 年		2019 年		2020 年		2021 年	
	得分(分)	排名	得分(分)	排名	得分(分)	排名	得分(分)	排名	得分(分)	排名
廊坊	31.50	6	32.68	5	42.37	3	31.49	8	36.21	8
保定	21.85	9	29.22	7	27.39	8	34.99	7	37.72	6
沧州	24.09	8	22.43	9	24.50	11	29.17	11	32.20	11
衡水	20.24	10	20.22	11	26.18	10	31.00	9	32.83	9
邢台	18.64	11	21.80	10	26.29	9	29.84	10	32.51	10
邯郸	26.03	7	29.21	8	32.14	6	36.65	6	37.62	7
均值	31.93	—	32.04	—	36.25	—	38.65	—	41.36	—
标准偏差	11.69	—	9.66	—	9.80	—	8.92	—	9.49	—

第二节　河北基本公共服务均等化水平总体测度时空特征分析

一、河北基本公共服务均等化水平时间变化特征分析

根据测算结果6-3，计算河北省各地市基本公共服务均等化水平2017—2021年平均得分情况见表6-4，并作整体均值及标准偏差折线图，见图6-1。

表6-4　2017—2021年河北省11地市基本公共服务均等化水平测度得分、均值及排名一览表

城市	2017 年	2018 年	2019 年	2020 年	2021 年	均值	排名
石家庄	46.17	40.17	41.88	42.51	46.49	43.04	3
承德	36.27	30.24	31.92	41.59	41.87	36.18	5
张家口	31.90	32.72	36.27	41.23	42.77	36.78	4
秦皇岛	56.45	52.77	53.94	56.44	57.71	56.06	1

续表

城市	2017 年	2018 年	2019 年	2020 年	2021 年	均值	排名
唐山	42.08	40.96	46.92	52.22	59.07	48.25	2
廊坊	31.50	32.68	42.37	31.49	36.21	34.65	6
保定	21.85	29.22	27.39	34.99	37.72	30.23	8
沧州	24.09	22.43	24.50	29.17	32.20	26.48	9
衡水	20.24	20.22	26.18	31.00	32.83	26.89	10
邢台	18.64	21.80	26.29	29.84	32.51	26.82	11
邯郸	26.03	29.21	32.14	36.65	37.62	31.93	7
均值	31.93	32.04	36.25	38.65	41.36	36.85	—
标准偏差	11.69	9.66	9.80	8.92	9.49	9.91	—

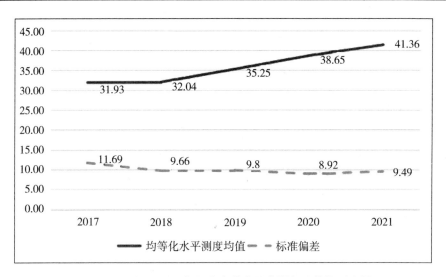

图 6-1　2017—2021 年河北省基本公共服务均等化测度得分均值及标准偏差水平变化

由表 6-4 可以看出，河北省 11 地市基本公共服务均等化水平 2017—2021 年均值最高的是秦皇岛市，分值为 56.06；其次是唐山市，分值为 48.25；再次是石家庄市，分值为 43.03。均等化水平平均得分最低的是邢台市，分值为 26.82；其次是衡水市，分值为 26.89；再次是沧州市，分值为 26.48。最高值是最低值的 2.13 倍，显示河北省基本公共服务均等化水平在市域间存在一定差距。

由图 6-1 可以看出，2017—2021 年河北省 11 地市基本公共服务均等化水平呈现上升趋势，且标准偏差总体上呈现下降趋势。从均值水平来看，河北省基本公共服务均等化水平在逐年增长，从 2017 年的 31.93 增长到 2021 年的 41.36，可见河北省近年来已加大对基本公共服务的投入和建设力度。这说明 2017—2021 年河北省 11 地市基本公共服务均等化水平不断提升，且各个地市之间的差距也在不断减少。但五年间河北省基本公共服务均等化水平提升有限，且总体分值不够，显示出河北省的基本公共服务均等化水平增长速度缓慢，总体水平不高。

二、河北基本公共服务均等化水平空间关联特征分析

Moran 在 1950 年首次给出了度量空间自相关性的理论方式，目前，Moran's I 已成为研究空间自相关性时最经典、使用最普遍的理论方法之一。全局 Moran's I 指数用于基本公共服务均等化的空间分布特征，用于检验河北省各地市邻近区域的相似和相异程度。Moran's I 的取值范围是 [-1,1]。当 Moran's I 大于 0 时，为空间正相关关系；当 Moran's I 小于 0 时，为空间负相关关系；当 Moran's I 等于 0 时，为空间不相关关系，说明河北省各地市基本公共服务均等化呈现出空间随机分布的特征。

1. 全局空间自相关分析

首先我们利用 Moran's I 公式，使用 ArcGIS 软件计算 0-1 邻接矩阵下 2017—2021 年河北省基本公共服务均等化全局 Moran's I，结果如表 6-5。

表 6-5　2017—2021 年河北省基本公共服务均等化全局 Moran's I 指数一览表

年份	Moran's I 指数	Z 值	P 值
2017 年	0.222136*	1.787242	0.073898

年份	Moran's I 指数	Z 值	P 值
2018 年	0.263473**	2.073463	0.038129
2019 年	0.251351*	1.920439	0.054802
2020 年	0.474369***	3.169484	0.001527
2021 年	0.456558***	3.111135	0.001864

注：上角标＊＊＊表示在 1%水平下显著，＊＊表示在 5%水平下显著，＊表示在 10%水平下显著。

根据表 6-5 可知，2017—2021 年河北省基本公共服务均等化全局 Moran's I 的值均大于 0，说明河北省 11 地市的基本公共服务均等化水平得分在空间上存在明显的正相关关系。2017 年与 2019 年河北省 11 地市基本公共服务均等化水平得分的全局 Moran's I 值通过了 10%显著性水平下的检验，2018 年 Moran's I 值通过了 5%显著性水平下的检验，2020 年和 2021 年 Moran's I 值通过了 1%显著性水平下的检验，显著性水平不断提升，Moran's I 值呈现上升趋势，这说明河北省 11 地市基本公共服务均等化存在明显的空间相关性。

2. 局部空间自相关分析

为了分析各地市基本公共服务均等化是否存在局部相关，下面将进行局部 Moran's I 分析。局部 Moran's I 用于体现河北省基本公共服务均等化的局部空间集中程度，一般用 Moran 散点图来度量。Moran 散点图的四个象限分别代表了不同的空间相关模式，位于第 I 象限的地市表现为高—高集聚（HH）状况，位于第 II 象限的地市为低—高集聚（LH）状况，位于第 III 象限的地市为低—低集聚（LL）状况，位于第 IV 象限的地市为高—低集聚（HL）状况。我们用 GeoDa 软件获取河北省基本公共服务均等化 Moran 散点图和 LISA 集聚图进行分析。

（1）Moran 散点图分析结果

运用 GeoDa 软件，绘制河北省市域基本公共服务均等化的 Moran 散点图，具体可视化结果如图6-2至6-6所示。

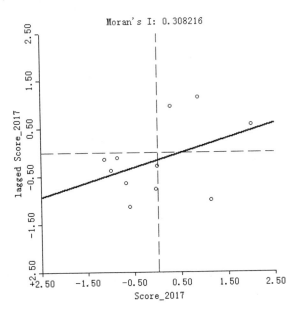

图 6-2　2017 年河北省各地市基本公共服务均等化得分 Moran 散点图

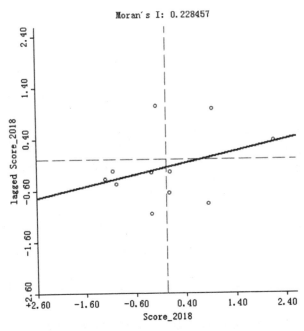

图 6-3　2018 年河北省各地市基本公共服务均等化得分 Moran 散点图

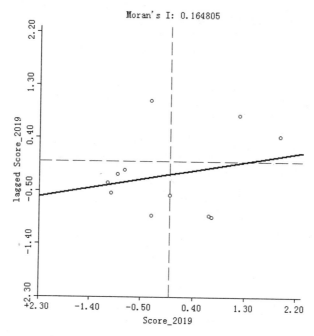

图 6-4 2019 年河北省各地市基本公共服务均等化得分 Moran 散点图

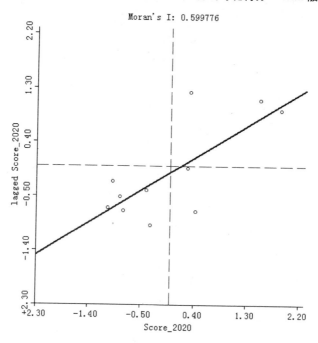

图 6-5 2020 年河北省各地市基本公共服务均等化得分 Moran 散点图

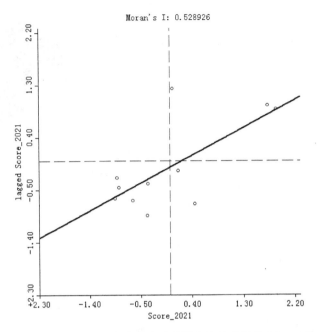

图 6-6　2021 年河北省各地市基本公共服务均等化得分 Moran 散点图

从图 6-2 至 6-6 可以看出，2017—2021 年属于 H-H 型的地市比例分别为 0.273、0.182、0.182、0.273、0.273，属于 L-H 型地市的比例分别为 0.000、0.091、0.091、0.000、0.000，属于 L-L 型地市的比例分别为 0.636、0.454、0.454、0.545、0.545，属于 H-L 型地市的比例分别为 0.091、0.273、0.273、0.182、0.182。可以看出，2017—2021 年河北省各地市基本公共服务均等化存在显著的空间正相关性，同时，空间分布自相关性与异质性共存，大部分地市与其邻近地市存在相似的集聚特征。从空间分布来看，H-H 型地市主要为唐山、秦皇岛等地市；L-L 型地市主要为衡水、沧州、保定等地市。

（2）LISA 集聚图分析结果

由于 Moran 散点图不能显示局部 Moran's I 的显著性水平，因此本书采用 GeoDa 软件绘制 LISA 集聚图（见图 6-7 至 6-11）。

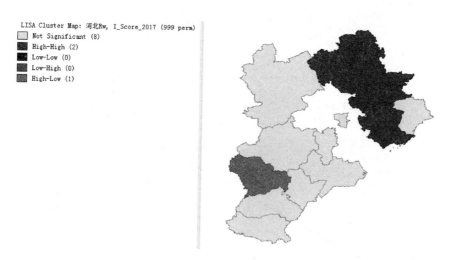

图 6-7　2017 年河北省各地市基本公共服务均等化得分 LISA 集聚图

由图 6-7 结果可以看出，在 5% 的显著性水平上，2017 年河北省 8 地市基本公共服务均等化的集聚效应并不显著，只有唐山、承德与周边呈现 H-H 型集聚现象，石家庄与周边呈现 H-L 型集聚现象。

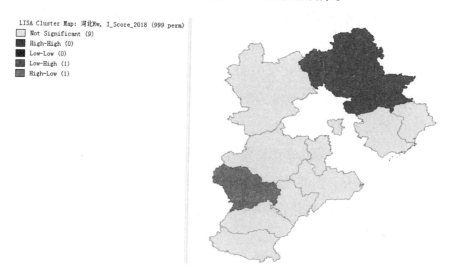

图 6-8　2018 年河北省各地市基本公共服务均等化得分 LISA 集聚图

由图 6-8 结果可以看出，在 5% 的显著性水平上，2018 年河北省 9 地市基本公共服务均等化的集聚效应并不显著，只有石家庄与周边呈现 H-L 型集聚现象，承德与周边呈现 L-H 型集聚现象。

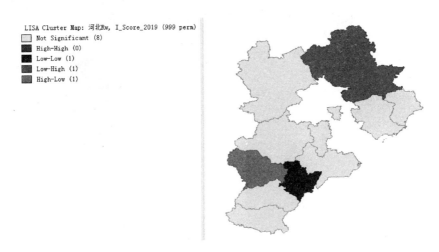

图 6-9　2019 年河北省各地市基本公共服务均等化得分 LISA 集聚图

由图 6-9 结果可以看出，在 5%的显著性水平上，2019 年河北省 8 地市基本公共服务均等化的集聚效应并不显著，只有石家庄与周边呈现 H-L 型集聚现象，承德与周边呈现 L-H 型集聚现象，衡水与周边呈现 L-L 型集聚现象。

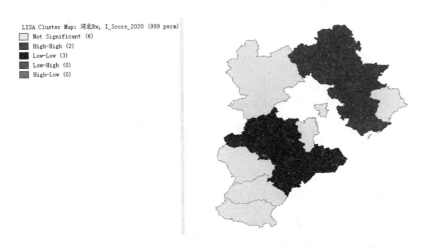

图 6-10　2020 年河北省各地市基本公共服务均等化得分 LISA 集聚图

由图 6-10 结果可以看出，在 5% 的显著性水平上，2020 年河北省 6 地市基本公共服务均等化的集聚效应并不显著，唐山与承德呈现 H-H 型集聚现象，衡水、保定、沧州与周边呈现 L-L 型集聚现象。

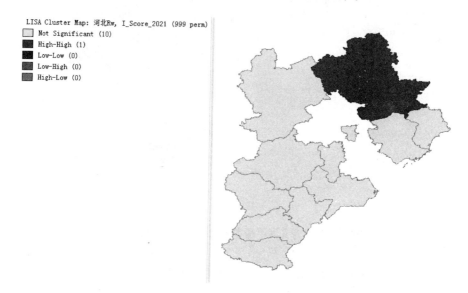

图 6-11　2021 年河北省各地市基本公共服务均等化得分 LISA 集聚图

由图 6-11 结果可以看出，在 5% 的显著性水平上，2021 年河北省 10 地市基本公共服务均等化的集聚效应并不显著，只有承德与周边呈现 H-H 型集聚现象。

第三节　河北基本公共服务均等化水平子
领域测度时空特征分析

接下来我们分析一下河北省基本公共服务均等化水平八个子领域测度得分的时空特征，更好地了解各个子领域存在问题。

一、基本公共教育服务时空差异分析

1. 时间变化特征分析

教育是提升居民素质的根本途径，是民族振兴和强大的基础，是我国基本公共服务体系的重要组成部分。

由图 6-12 可知，2017—2021 年河北省各地市基本公共教育服务测度得分均值呈现不断上升趋势，且标准偏差也在不断减少，这说明河北省各地市基本公共教育服务差异随着时间不断变小。

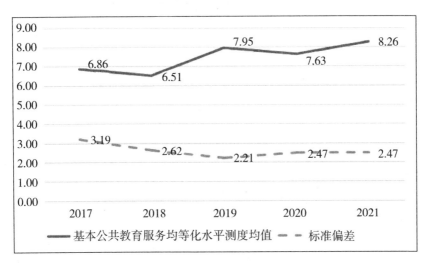

图 6-12　2017—2021 年河北省市域基本公共教育服务测度得分均值水平变化图

2. 空间分异特征分析

根据图 6-13 可知，2017—2021 年河北省基本公共教育服务测度得分均值的局部 Moran's I 的值为 -0.0569501，说明河北省各地市的基本公共教育服务均等化水平在空间上不存在明显的相关关系；同时在 5% 的显著性水平上，河北省 11 地市基本公共教育服务均等化的集聚效应并不显著。

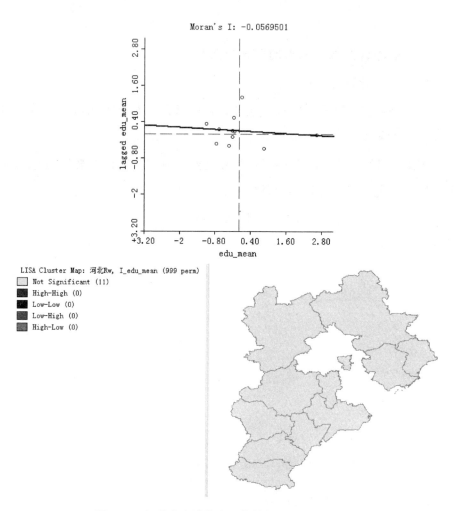

图 6-13 河北省市域基本公共教育服务空间分异图

二、基本劳动创业就业服务时空差异分析

1. 时间变化特征分析

提高就业率，积极推进基本劳动创业就业服务，是推进国家治理能力现代化的重要任务。由图 6-14 可知，2017—2021 年河北省各地市基本劳动创业就业服务测度得分均值呈现不断上升趋势，且标准偏差变化

不大，这说明河北省各地市基本劳动创业就业服务差异随着时间不断变小。

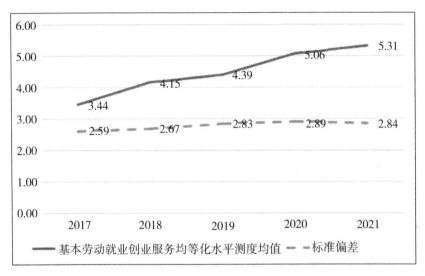

图 6-14　2017—2021 年河北省市域基本劳动创业就业服务
测度得分均值水平变化图

2. 空间分异特征分析

根据图 6-15 可知，2017—2021 年河北省基本劳动就业创业服务测度得分均值的局部 Moran's I 的值为 0.277346，说明河北省各地市的基本劳动就业创业服务均等化水平在空间上存在明显的正相关关系；在 5% 的显著性水平上，河北省 11 地市基本公共教育服务均等化的集聚效应并不显著，只有保定与周边存在 H-H 集聚效应。

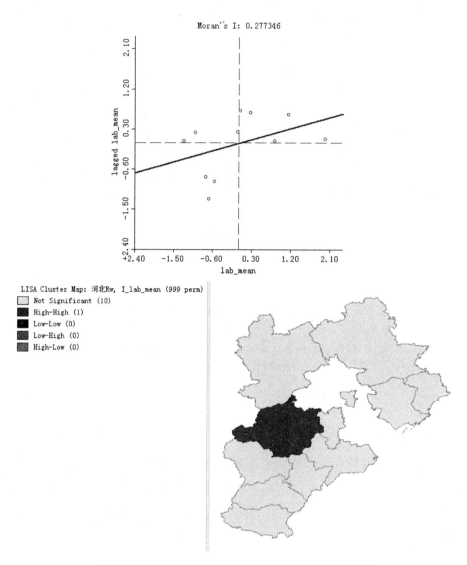

图6-15 河北省市域基本劳动创业就业服务空间分异图

三、基本社会保险服务时空差异分析

1. 时间变化特征分析

当前，我国已建立了世界上最大的社会保障体系，但仍在逐步完善

中。由图 6-16 可知，2017—2021 年河北省各地市基本社会保险服务测度得分均值呈现不断上升趋势，且标准偏差变化不大，这说明河北省各地市基本社会保险服务差异随着时间不断变小。

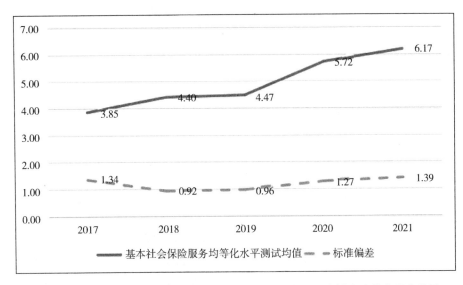

图 6-16   2017—2021 年河北省市域基本社会保险服务测度得分均值水平变化图

2. 空间分异特征分析

根据图 6-17 可知，2017—2021 年河北省基本社会保险服务测度得分均值的局部 Moran's I 的值为 -0.0641364，说明河北省各地市的基本劳动就业创业服务均等化水平在空间上存在负相关关系；在 5% 的显著性水平上，河北省 11 地市基本社会保险服务均等化的集聚效应并不显著，只有保定与周边存在 H-L 集聚效应，张家口与周边存在 L-H 集聚效应。

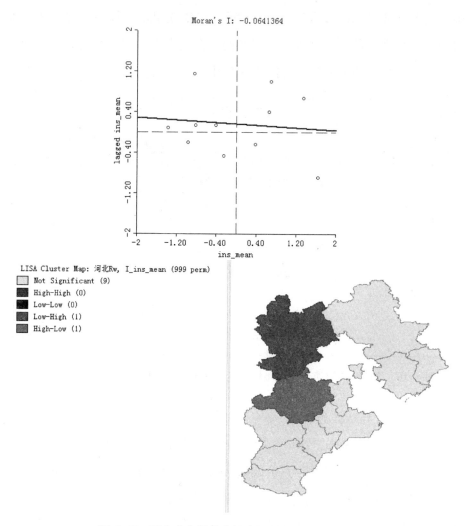

图6-17 河北省市域基本社会保险服务空间分异图

四、基本医疗卫生服务时空差异分析

1. 时间变化特征分析

市域是我国医疗卫生体制改革的切入点和着力点，推进市域医疗卫生发展是促进城乡医疗卫生服务均衡状态达到新高度的重要举措。

由图 6-18 可知，2017—2021 年河北省各地市基本医疗卫生服务测度得分均值呈现不断上升趋势，且标准偏差变化不大，这说明河北省各地市基本医疗卫生服务差异随着时间不断变小。为此我们要进一步优化医疗资源配置，提升医疗人员整体水平，推动看病就医便捷化、规范化，强化市域整体医疗卫生服务能力。

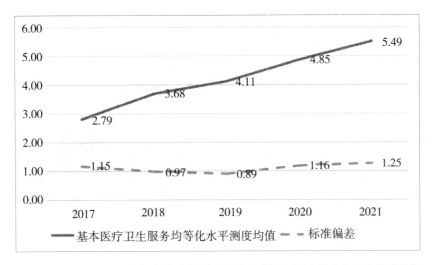

图 6-18　2017—2021 年河北省市域基本医疗卫生服务测度得分均值水平变化图

2. 空间分异特征分析

根据图 6-19 可知，2017—2021 年河北省基本医疗卫生服务测度得分均值的局部 Moran's I 的值为 0.270119，说明河北省各地市的基本医疗卫生服务均等化水平在空间上存在一定正相关关系；在 5% 的显著性水平上，河北省 11 地市基本医疗卫生服务均等化的集聚效应并不显著，只有唐山、承德与周边存在 H-H 集聚效应，张家口与周边存在 L-H 集聚效应。

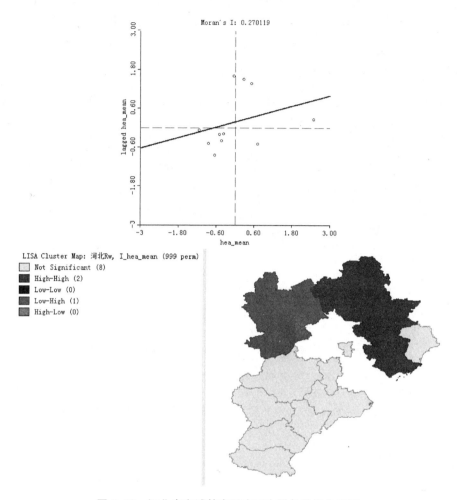

图 6-19 河北省市域基本医疗卫生服务空间分异图

五、基本基础设施服务时空差异分析

1. 时间变化特征分析

基础设施的发展能有效地拉动经济增长,进而反哺基本公共服务设施的建设,对于提高居民生活的便捷度和幸福感有重要意义。由图 6-20 可知,2017—2021 年河北省各地市基本基础设施服务测度得分均值基本呈现不断上升趋势，且标准偏差变化不大，这说明河北省各地市基本基础设施服务差异随着时间不断变小，市域基础设施的建设得到有效提升。

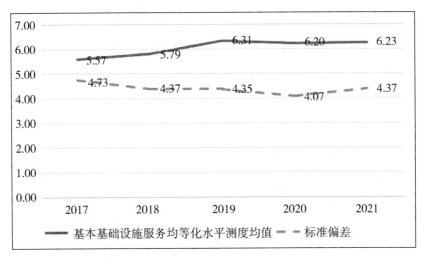

图 6-20　2017—2021 年河北省市域基本基础设施服务
测度得分均值水平变化图

2. 空间分异特征分析

根据图 6-21 可知，2017—2021 年河北省基本基础设施服务测度得分均值的局部 Moran's I 的值为 0.317822，说明河北省各地市的基本基础设施服务均等化水平在空间上存在一定正相关关系；在 5% 的显著性水平上，河北省 11 地市基本基础设施服务均等化的集聚效应并不显著，只有承德与周边存在 L-H 集聚效应，邢台与周边存在 L-L 集聚效应。

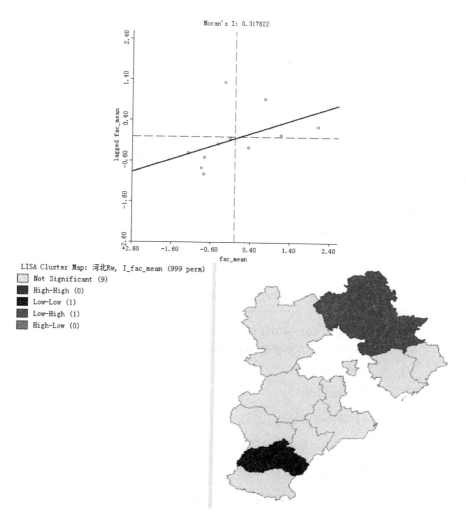

图 6-21　河北省市域基本基础设施服务空间分异图

六、基本住房保障服务时空差异分析

1. 时间变化特征分析

由图 6-22 可知，2017—2021 年河北省各地市基本住房保障服务测度得分均值基本呈现先下降后上升的趋势，且标准偏差变化不大，这说明河北省各地市基本住房保障服务差异随着时间先扩大后缩小。

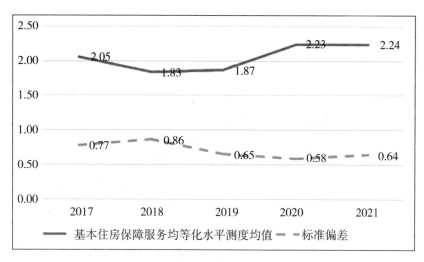

图 6-22　2017—2021 年河北省市域基本住房保障服务测度得分均值水平变化图

2. 空间分异特征分析

根据图 6-23 可知,2017—2021 年河北省基本住房保障服务测度得分均值的局部 Moran's I 的值为−0.407983,说明河北省各地市的基本住房保障服务均等化水平在空间上存在负相关关系;在 5%的显著性水平上,河北省 11 地市基本住房保障服务均等化的集聚效应并不显著,只有衡水与周边存在 L-H 集聚效应。

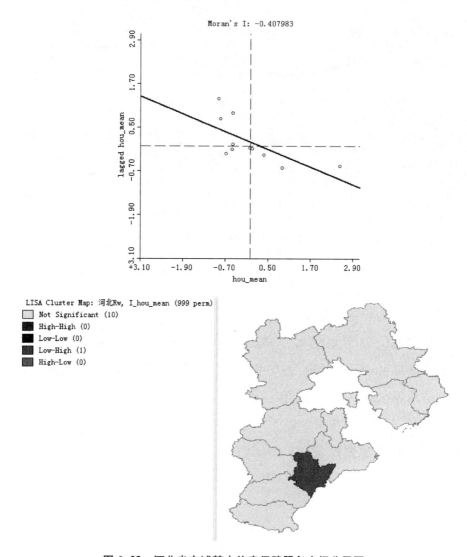

图 6-23　河北省市域基本住房保障服务空间分异图

七、基本文化体育服务时空差异分析

1. 时间变化特征分析

由图 6-24 可知，2017—2021 年河北省各地市基本文化体育服务测度得分均值基本呈现先下降后上升的趋势，且标准偏差变化不大，这说明河北省各地市基本文化体育服务差异随着时间先扩大后缩小。

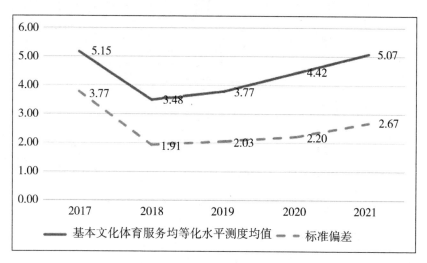

图6-24 2017—2021年河北省市域基本文化体育服务测度得分均值水平变化图

2. 空间分异特征分析

根据图6-25可知，2017—2021年河北省基本文化体育服务测度得分均值的局部 Moran's I 的值为 0.0735797，说明河北省各地市的基本文化体育服务均等化水平在空间上存在一定的正相关关系；在5%的显著性水平上，河北省11地市基本文化体育服务均等化的集聚效应并不显著，只有秦皇岛与周边存在 L-H 集聚效应，邢台与周边存在 L-L 集聚效应。

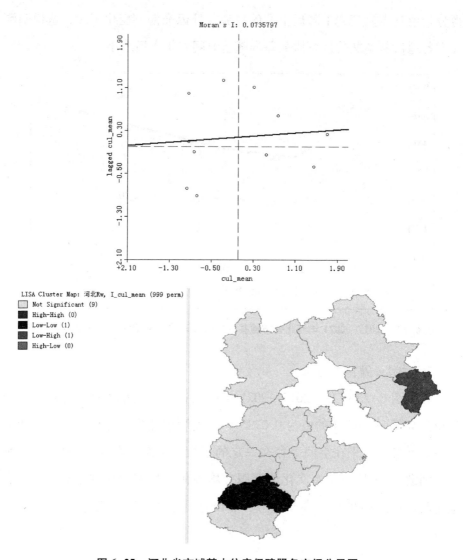

图6-25 河北省市域基本住房保障服务空间分异图

八、基本生态环境服务时空差异分析

1. 时间变化特征分析

生态环境的保护是促进基本公共服务均等化的重要保障，在推进城市化和可持续发展过程中也占有重要地位。有限资源的枯竭是经济快速发展的重大挑战。由图 6-26 可知，2017—2021 年河北省各地市基本生态环境服务测度得分均值呈现不断上升的趋势，且标准偏差变化不大，这说明河北省各地市基本生态环境服务差异随着时间不断缩小。

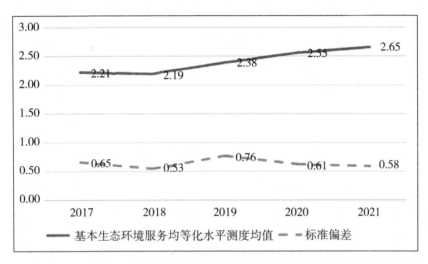

图 6-26　2017—2021 年河北省市域基本基础设施服务测度得分均值水平变化图

2. 空间分异特征分析

根据图 6-27 可知，2017—2021 年河北省基本生态环境服务测度得分均值的局部 Moran's I 的值为 0.368069，说明河北省各地市的基本生态环境服务均等化水平在空间上存在正相关关系；在 5% 的显著性水平上，河北省 11 地市基本生态环境服务均等化的集聚效应并不显著，只有沧州与周边存在 H-H 集聚效应，保定与周边存在 L-H 集聚效应。

对于环境保护服务的空间分异，可能与我们日常认知的情况有所出入，通常我们认为河北省冀西北地区的承德市和张家口市环境水平较高，而冀中的石家庄市以及冀南的唐山市环境水平较差，究其原因，可能因为张家口市和承德市环境方面更显著的是空气质量，而本书的环境保护服务方面的指标包含的是污水处理厂集中处理率、人均公园绿地面积、建成区

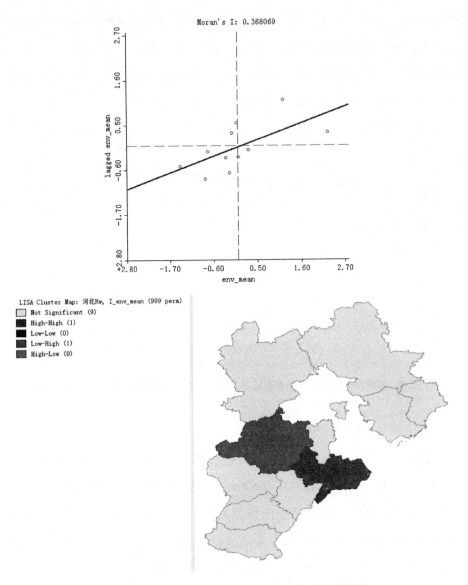

图6-27　河北省市域基本住房保障服务空间分异图

绿化覆盖率和生活垃圾无害化处理率，未包含空气质量相关指标，所以得出的结果与实际认知相悖。但由此也可以证明，承德市和张家口市等地虽然空气质量较优，但在污水处理、街道绿化、垃圾处理等其他方面还存在较大劣势，这些地区政府应积极推进上述方面的生态建设，强化基层环保能力，增加环境保护财政支出，积极推进生态环境保护建设。

第四节 河北省基本公共服务均等化水平差异分析

一、河北省整体基本公共服务均等化差异分析

通过对河北省 2017—2021 年基本公共服务水平综合得分标准差和变异系数的计算，得到变化趋势，如图 6-28 所示。标准偏差显示数据的离散程度，反映区域绝对差异，标准差越大，表明离散程度越高，绝对差异越明显；变异系数表示各个年份不同市域基本公共服务水平的不均衡程度，反映区域相对差异，变异系数越大，区域相对差异越明显，不均衡程度越高。从图 6-28 可以看出，标准偏差和变异系数呈现出类似的演变特征，都有波动下降的趋势。标准差 2021 年略有上升，但整体呈现下降趋

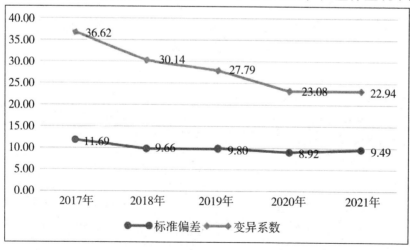

图6-28 河北省市域 2017—2021 年标准差、变异系数变化趋势图

势，由 2017 年的 11.69 降到 2021 年的 9.49；变异系数由 36.62% 降低到 22.94%，变异系数呈现缓慢下降，说明数据的离散程度降低，各市域间的均衡程度增高。综合来说，河北省市域整体虽然存在着不均衡现象，但河北省市域基本公共服务综合水平呈现由低水平不均衡格局向高水平均衡格局演进的趋势。

二、河北省基本公共服务子领域均等化差异分析

1. 河北省基本公共服务子领域均等化标准偏差分析

由图 6-29 和 6-30 可以看出，基本公共教育服务、基本社会保险服务、基本医疗卫生服务、基本基础设施服务和基本文化体育服务均等化标准偏差均呈现先下降后上升趋势，说明河北省基本公共教育服务、基本社会保险服务、基本医疗卫生服务、基本基础设施服务和基本文化体育服务均等化呈现先缩小后扩大趋势。其中基本公共教育服务和基本文化体育服

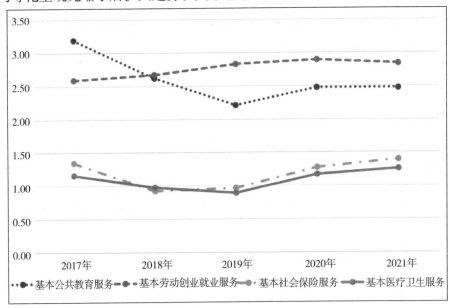

图 6-29　子领域 2017—2021 年标准偏差变化趋势图（一）

务变化比较大，说明这两个方面均等化亟须改进。基本住房保障服务和基本生态环境服务均等化标准偏差在 0.5—1，数值比较小，变化不大，说明这两个方面均等化差异很小。

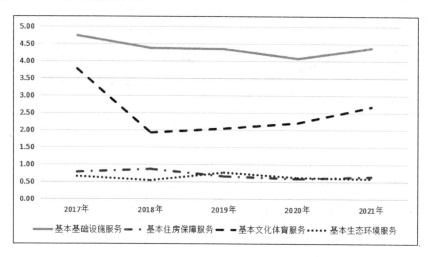

图 6-30　子领域 2017—2021 年标准偏差变化趋势图（二）

2. 河北省基本公共服务子领域均等化变异系数分析

由图 6-31 和 6-32 可以看出，基本公共教育服务、基本劳动创业就业服务、基本医疗卫生服务和基本生态环境服务均等化变异系数呈现不断下降趋

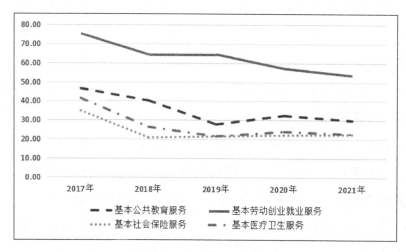

图 6-31　子领域 2017—2021 年变异系数变化趋势图（一）

势，说明河北省这些服务方面均等化差异不断缩小。基本社会保险服务、基本基础设施服务、基本住房保障服务和基本文化体育服务均等化变异系数呈现先下降后略有上升趋势，说明河北省这些服务方面均等化还需加强。

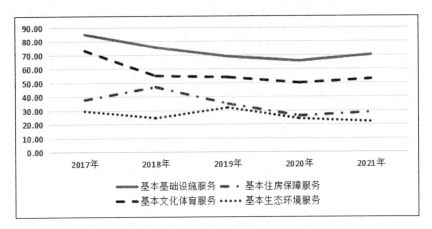

图 6-32   子领域 2017—2021 年变异系数变化趋势图（二）

三、河北省基本公共服务分区均等化测度

根据《河北省城镇体系规划（2016—2030 年）》，将河北省市域分为环京津核心功能区（保定市、廊坊市）、沿海率先发展区（唐山市、沧州市、秦皇岛市）、冀中南功能拓展区（石家庄市、邢台市、邯郸市、衡水市）和冀西北生态涵养区（张家口市、承德市）四大区域，通过常住人口数量进行加权运用泰尔指数计算并比较河北省区域间和区域内的差异情况，最后对比二者对总差异的贡献率，计算结果如表 6-6 所示。

由表 6-6 和图 6-33 可知，河北省四大区域的地区总差异呈现不断下降趋势，由 2017 年的 0.0824 下降到 2021 年的 0.0523，说明河北省基本公共服务均等化差异不断缩小；组内差异与地区总差异变化趋势基本一致，由 2017 年的 0.0532 下降到 2021 年的 0.0276；组间差异呈现先下降后上升趋势。具体来看，2017—2021 年，组内差异系数一直高于组间差异系数，说明河北省基本公共服务均等化差异主要来源于城市之间的差异，但区域间的差异在不断加大，值得关注。

表 6-6　河北省四大区域 2017—2021 年差异及贡献率

年份	地区总差异	组间差异		组内差异	
	泰尔指数	泰尔指数	差异贡献率	泰尔指数	差异贡献率
2017 年	0.0824	0.0292	36.45%	0.0532	64.55%
2018 年	0.0616	0.0192	31.11%	0.0424	68.89%
2019 年	0.0609	0.0176	28.90%	0.0433	71.10%
2020 年	0.0565	0.0268	47.35%	0.0297	52.65%
2021 年	0.0523	0.0247	47.21%	0.0276	52.79%

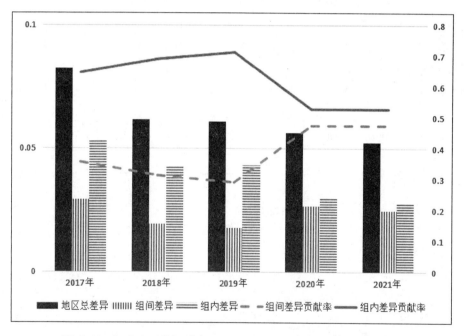

图 6-33　河北省四大区域 2017—2021 年差异及贡献率变化对比图

从组内差异和组间差异的贡献率来看，组内差异的贡献率一直高于组间差异的贡献率。2020 年是二者贡献率的转折点，2020 年之前，组内差异对于地区总差异的贡献率一直处于上升状态，2020 年下降至 52.65%。

组间差异对于地区总差异的贡献率一直处于下降状态，2019年下降至28.90%，但2020年上升为47.35%。综上可知，组内差异是造成河北省基本公共服务不均等的主要原因，且组间差异随时间推移而逐渐加深，促进四大区域协同发展是改善基本公共服务不均衡状态的重点。

通过对河北省四大区域的泰尔指数和贡献率的计算，得到表6-7、图6-34和图6-35。沿海率先发展区的泰尔指数最大，即此区域内部不均衡程度最深；其次是环京津核心功能区和冀中南功能拓展区；最后是冀西北生态涵养区。

表6-7　河北省四大区域2017—2021年组内差异及贡献率

年份	环京津核心功能区		沿海率先发展区		冀中南功能拓展区		冀西北生态涵养区	
	泰尔指数	贡献率	泰尔指数	贡献率	泰尔指数	贡献率	泰尔指数	贡献率
2017年	0.0109	20.41%	0.0364	68.46%	0.0049	9.15%	0.0011	1.98%
2018年	0.0055	12.93%	0.0346	81.65%	0.0021	6.01%	0.0002	0.42%
2019年	0.0113	26.01%	0.0297	68.60%	0.0022	6.12%	0.0001	0.27%
2020年	0.0014	4.87%	0.0236	79.27%	0.0042	14.23%	0.0005	1.64%
2021年	0.0016	6.96%	0.0215	77.79%	0.0041	16.01%	0.0003	1.24%

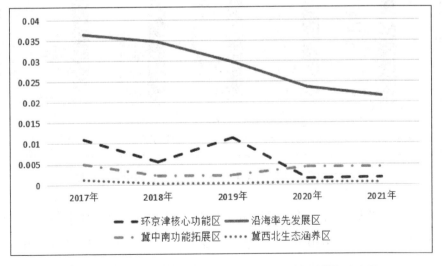

图6-34　河北省四大区域2017—2021年组间差异变化对比图

就贡献率来看，各区变化趋势与泰尔指数的变化较为相似，只有环京津核心功能区 2019 年泰尔指数呈上升趋势，但贡献率呈下降趋势。说明各个区域差异对于地区总差异的贡献率较为稳定，没有较大幅度变化。

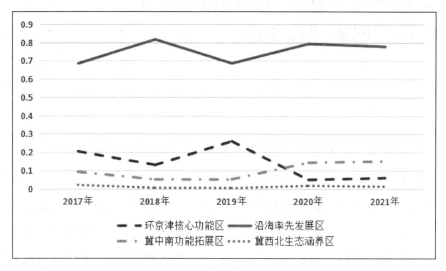

图6-35　河北省四大区域 2017—2021 年组间差异贡献率变化对比图

第七章

基本公共服务均等化区域差异
影响因素理论分析

我国基本公共服务体系区域差异明显，体现在许多方面，其原因多样。由于我国疆土广阔，各地区根据各自的不同自然条件进行发展，在经济社会发展的速度、水平及其财政实力上将会出现很大的差距。在经历改革开放之后，不同区域间的地理位置因素与发展起点之间的差距，决定了东西部各地区政府在建设基本公共服务供给系统时的重点目标指向和任务、标准等的不同，因而产生了明显的区域特征和地方差别。

第一节　基本公共服务均等化区域差异的经济影响因素

一、区域经济发展水平影响基本公共服务资源配置能力

基本公共服务供给水平和标准具有明显的地方差异。我国国家和地方基本公共服务"十四五"规划的共同"亮点"是按照现有经济社会发展的基础水准，从普惠民生的视角出发确定基本公共服务的供给水平和标准。这表明基本公共服务的供给能力与国民经济社会发展水平呈正相关关系，揭示了地方政府间提供公共服务数量与质量间出现明显差距的主要缘由。由于东、中、西部的经济社会发展水平区域差异明显，导致地方基本

公共服务也呈现出差异与潜在发展趋势，可以总结为：东部、中部、西部的公共服务水平呈由高到低的态势。

（一）区域经济基础与基本公共服务均等化水平正相关

1. 经济基础影响区域政府财政收入水平

政府财政收入是财政支出的前提，是政府实现其职能的财力保障。现阶段，我国地方财政收入呈现强者越强、弱者越弱的两极分化态势，地方财政收入差距逐渐扩大，区域基本公共服务财政实力异质性明显，影响了区域基本公共服务资源配置。

2. 经济基础影响区域政府财政基础

一个地区的经济基础雄厚代表着该地区资金、技术、人才等生产要素的丰富程度，意味着当地经济发展规模较大，财政收入范围和种类较为广泛。因此在提供基本公共服务的过程中，经济较为发达的区域拥有雄厚的资金，通常能够提供种类丰富、质量优异的公共服务。而经济欠发达地区由于经济发展较为滞后，经济基础薄弱，政府的财政收入也随之减少，没有充足的资金为区域基本公共服务均等化提供财力保障。比如前文提到，根据《中国统计年鉴（2020）》，京津冀地区一般公共财政收入为11233.46亿元，其中北京市一般公共财政收入为5483.89亿元，天津市为1923.11亿元，河北省为3826.46亿元，三地的经济基础决定了财政收入的显著差异，进而导致在基本公共服务的财政投入方面也有明显差异。比如，京津冀地区各地区一般公共预算教育经费中，河北省共11个城市平均一般公共预算教育经费仅为138亿，为三地最低；而天津市一般公共预算教育经费有466.81亿元；北京达到了658.55亿元之多。在一般公共预算教育经费与财政经常性收入增长幅度比较中，北京市最高，超过10%，为11.4%；天津市和河北省均未超过5%，河北省最低，仅有1.35%，与北京市的比值相差较多，有10个百分点；天津市的比值与北京市相比差距较大，与河北相比领先程度也不大。结合京津冀地区这几项数据可以看出，京津冀各地区的经济基础影响区域政府的财政收入，财政收入影响基本公共服务资金投入，从而产生区域基本公共服务非均等化。

3. 经济基础影响基本公共服务财政自给能力

区域政府财政收入高，政府通过对教育、医疗、技术等方面的公共财政投入带动区域内生性经济增长。区域政府财政独立性高，对中央政府的转移支付依存度低，基本公共服务财政自给能力高，财政支出较为灵活，能够为区域居民提供针对性强的基本公共服务，基本公共服务供给质量高。经济基础弱的区域产业链短，产业结构有待优化，当地财政收入增长缓慢难以满足逐渐增长的公共财政支出的需要，区域财政收入与支出缺口大，基本公共服务财政自给能力低，需要长期依靠国家转移支付获得财政收入，否则将难以保证区域基本公共服务供给数量和质量。例如，西部地区财政实力弱，财政内生动力不强，政府财政支出严重依赖转移支付，财政利用灵活度低，区域基本公共服务供给数量和质量与东部地区相比具有较大差异。区域财政收入差距的持续扩大将阻碍区域基本公共服务均等化发展。

区域基本公共服务资源投入数量和质量取决于当地经济发展基础。区域经济基础好意味着当地经济总量和经济质量发展较好，从而保证基本公共服务资源的数量和质量。

4. 区域经济总量影响基本公共服务投入数量

区域经济总量大，意味着地区总需求和总供给规模大。区域经济总量影响区域总供给。区域经济总量大的地区通常更愿意投入大量资金进行基础设施建设和产业建设，从而实现经济效益和社会效益，间接带动基本公共服务资源的投入。区域总供给影响区域总需求的发展。区域总供给规模较大，会带动就业规模的扩展，区域居民收入和消费增长，进而带动地区总需求的增加。因此，区域经济总量差异影响区域基本公共服务资源规模。

5. 区域经济高质量发展推动基本公共服务资源高质量发展

区域经济发展到一定阶段，经济发展模式逐渐转型升级，注重对经济的质的提升。首先，经济高质量发展要求区域注重科技创新，区域为增加科技竞争力，加大对教育事业的投入，注重人力资本的培养和吸纳，为经济高质量发展提供人才资源，从而推动区域基本公共服务教育资源的优质发展。其次，区域经济转型升级，区域建设从量的投入到质的提升。经济从高速发展阶段转向高质量发展阶段，经济增长从粗放型转向集约型，更注重经济质量，从而带动教育、医疗卫生、社会保障等基本公共服务质量的发展。因此，经济发展质量影响区域基本公共服务质量。

（二）区域经济要素流动直接影响基本公共服务均等化程度

区域经济发展水平在一定程度上奠定了基本公共服务均等化基础，影响区域基本公共服务供给中人力资本、物质资本等资源要素的流动和积累。同时，区域基本公共服务均等化程度差异也将反作用于资源要素的发展。

充足优质的人力资本在一定程度上取决于当地经济的发展水平。人力资本作为区域基本公共服务均等化供给侧的关键资源要素，其数量和质量的差异将影响区域基本公共服务供给水平。首先，区域经济发展差异会产生虹吸效应。经济发达地区凭借经济优势提供良好的基础设施和社会保障，以优质基本公共服务吸引人才流入。经济落后地区的劳动力要素向经济发达地区集聚，经济落后地区的基本公共服务与经济发达地区两极分化越加明显，由基本公共服务非均等化引发的马太效应愈加凸显，即发达地区充足优质的人力资本促进当地基本公共服务数量和质量的提升，而经济欠发达地区即使拥有一定量的基本公共服务也不能发挥吸引人才的作用，最终形成资源要素上引发的基本公共服务非均等化的区域差异。其次，内生性人力资本增长源于当地经济投资。区域经济高质量发展，通过对教育、健康卫生、交通等基础性事业的投资培养当地人力资本的存量和质量，激发内在发展潜力，达到当地人力资本提质增效的目的。这也间接影响基本公共服务领域的发展。由于经济投资受当地经济发展水平的限制，经济基础薄弱地区内生性人力资本的培养能力弱，基本公共服务人力资源受限，从而形成区域基本公共服务资源差异。

物质资本是区域基本公共服务均等化的物质基础，物质资本利用效率影响区域基本公共服务供给水平。比如土地资源作为物质资本的重要组成部分，不仅为基本公共服务提供基础设施建设用地，还通过土地出让收入为基本公共服务供给提供资金。区域经济发展水平影响市场机制的发展，市场资源配置平台的一体化、透明化程度影响土地资源的配置效率。经济发达地区市场资源配置能力较为成熟，土地资源的价格、供求等交易信息较为透明，土地资源交易成本较低。反之，经济较为落后地区的市场运行机制尚未完全开发和完善，土地资源通过市场机制进行配置的效率低下，从而影响基本公共服务土地资源的有效利用。

（三）基本公共服务资源空间配置差异

区域经济一体化进展影响区域基本公共服务资源空间均衡配置。区域经济一体化发展涉及技术、信息、人才、政策等方面的共建共享，通过区域经济一体化战略的实施，构建区域内交通、信息网络，打造区域沟通交流一体化平台，从而推动基本公共服务资源自由流动和共建共享。区域内地方政府基于自身经济发展利益，在经济发展基础、经济政策制定等方面存在差异，阻碍区域经济一体化进程，从而影响区域基本公共服务资源流动和资源配置，区域基本公共服务资源一体化进展受到限制，资源空间配置不均衡。

区域经济增长极的发展布局影响周边地区资源的单向流动。区域经济发展普遍以一极多核的空间经济发展格局为主要经济布局，经济增长极带动周边经济增长，利用经济发达地区的外溢效应和辐射带动作用影响周边城市经济的发展。同时，一极多核的经济发展布局也会形成虹吸效应，形成周边资源向经济发达地区单向流动。区域基本公共服务资源的单向流动，使区域基本公共服务资源密度在空间上形成差异。区域基本公共服务资源的集中程度高，资源配置的空间均衡程度低。

二、区域经济成熟度影响基本公共服务资源配置方式

如今，区域基本公共服务资源不再仅以政府机制为唯一配置方式，而是追求政府、市场共同参与资源配置的有机结合方式。但是，由于经济发展水平的局限，现阶段区域基本公共服务资源配置过程中，政府仍然占据绝对主导地位，市场在资源配置中发挥的作用仍然较小。政府与市场有机结合的资源配置方式仅在经济发展水平高的区域进行探索和发展，而经济发展水平低的地区仍以政府为主要资源配置方式。这使得基本公共服务资源配置能力形成区域差异。

区域经济成熟度高，统一开放、竞争有序的现代化市场经济体系为公共资源配置提供规范的市场交易平台，为市场化资源配置营造良好的交易环境，极大地发挥了市场化配置的优势。反之，区域经济成熟度低，现代化市场体系建设不完善，由于经济活动信息不对称等原因导致市场分割现象严重，市场一体化程度低，由市场进行基本公共服务资源配置将会面临市场失灵、公共资源配置效率低等各种困境。东部地区经济发展水平高，经济开放程度高，统一开放、竞争有序的现代化市场体系建设更加完善。东部地区更多利用市场手段、通过政府的宏观调控和市场运行机制进行基本公共服务资源配置，满足当地人民基本公共服务需求。中西部地区的经济基础较东部地区薄弱，现代化市场经济体系建设还处于探索阶段，经济开放程度较低。因此，在基本公共服务资源配置中，政府通过行政命令等手段进行资源配置的方式较多，进而影响中西部地区基本公共服务资源配置。

区域经济发展水平高，有利于建立集中统一的公共资源交易平台，提

高基本公共服务资源配置效率。利用招标投标、政府购买等方式整合基本公共服务资源，打造一体化资源交易平台，使基本公共服务资源由政府配置转向市场配置。有利于破除行政资源配置壁垒，资源配置信息公开化、透明化，推动基本公共服务资源要素自由流动。在政府与市场共同进行资源配置过程中，要逐渐规范市场秩序，发挥市场作用，进一步提高公共资源配置效率。

我国公共资源交易市场逐渐遍布全国，有力推动着基本公共服务资源配置效率的提高。但是，由于区域经济开放程度和经济发展水平的差异，区域公共资源交易种类、交易机制还有待完善。区域经济发展过程中不同行业、不同部门基于自利心理形成行业垄断、部门壁垒，阻碍资源的有效整合，增加了资源交易成本，基本公共服务资源配置效率低。经济发展上的差异影响基本公共服务资源配置。东部地区是我国经济先发地区，其经济发展水平在全国范围内处于领先地位。长三角作为东部地区最重要的城市群之一，经济发展水平高，经济一体化程度高。在长三角区域一体化进程中，大力推动公共资源交易一体化是其重要组成部分，进而发挥各地公共资源交易平台的比较优势，有力促进区域基本公共服务资源配置效率的提高。从总体上看，中西部地区经济发展水平低于东部地区，其区域一体化进程比东部地区更为滞后，因此，公共资源交易平台的完善程度较低，基本公共服务资源配置效率低。公共资源交易平台是建立在当地经济发展水平基础上的，经济发展水平的区域差异将影响区域公共资源交易平台的建立，从而影响区域基本公共服务资源配置效率。

三、区域经济发展能力影响基本公共服务配置的效率

区域经济发展能力影响政府财政收入结构差异。区域政府为履行基本公共服务均等化的社会职能，需要取得一定规模的财政收入。合理的财政收入结构可以促进财政收入规模的健康增长，进而为区域基本公共服务均

等化提供财力保障。区域经济发展水平影响区域基本公共服务资源的投入、产出和管理，进而形成规模效率和技术效率的区域差异，影响区域基本公共服务资源配置水平。

规模效率是指随着经营规模扩大，其产出增加的比例大于全部资源要素投入增加的比例的情况。规模效率要求区域经济发展水平高，有充足的资金、人才等资源要素为基本公共服务资源规模效率奠定基础。区域经济发展水平差异影响基本公共服务资源配置的规模效率。经济发展水平较高的地区基本公共服务资源集聚程度高，通过大量资源的投入提高基本公共服务资源配置的规模效率。我国中西部地区基本公共服务资源配置效率受经济发展水平的影响。中部经济发展能力较西部高，资金、人才、技术等方面的资源要素集聚程度高，有利于中部地区通过资源要素的投入促进当地基本公共服务资源产出的增加，从而提高基本公共服务资源配置规模效率。西部地区经济发展较为滞后，地区基本公共服务资源向外流失，资源投入不足，难以提升规模效率。基本公共服务资源配置规模效率的差异影响区域基本公共服务资源配置效率。

区域基本公共服务资源投入规模并不是促进基本公共服务资源有效配置的唯一因素。较大规模的基本公共服务资源的投入不一定能够带来预期的产出，从而提升规模效应。在恰当规模的资源投入的同时，应改进基本公共服务资源投入和产出配置方式，提升基本公共服务资源配置。

技术效率是指资源投入和产出的最佳配置。在区域投入资源既定的情况下，能获得最大的基本公共服务资源产出；在区域产出既定的情况下，使资源投入降到最低，达到资源优化配置。区域基本公共服务资源配置容易出现投入冗余和产出不足的现象，造成资源闲置和浪费，形成基本公共服务无效率配置现象。技术效率的提升能够有效减少此种现象的发生。技术效率考验区域对基本公共服务资源的管理配置能力，使基本公共服务资源的投入和产出达到最佳配置。为提升区域技术效率不仅需要发挥政府机制的作用，更应发挥市场资源配置的作用，通过政府的宏观调控和市场化资源配置，降低资源要素的交易成本，使资源的投入和产出达到最佳配置。因此，技术效率既依赖政府的经验管理，又需要现代化市场体系的发展，为资源配置提供规范、有序、高效的交易平台。基本公共服务资源配置技术效率的提升需要区域经济基础作为物质保障，推动区域现代化市场体系的完善，为基本公共服务资源配置提供平台。由于东部经济发展水平高，政府资源配置的经验丰富，同时现代化市场体系建立相对完善，能对资源的投入、产出进行有效管理、优化配置，从而提升基本公共服务资源配置技术效率。中部地区基本公共服务资源配置在财政资金的管理和市场化资源配置方面差强人意，有较大提升的空间。由此可知，区域经济发展水平影响基本公共服务资源配置技术效率。

四、区域经济结构影响基本公共服务供给结构

经济结构具有复杂性、综合性的特点，各种结构要素的配置不同会形成不同的经济结构。由于资源禀赋、经济发展等方面的差异，区域经济结构不同，政府财政支出结构、产业结构、消费结构不同，进而影响区域基本公共服务供给结构。

（一）区域财政支出结构影响基本公共服务供给结构

区域财政支出结构受到当地经济基础的影响。经济基础不同，区域政府财政支出结构存在差异，基本公共服务供给结构受到影响。区域政府通过对本地经济基础的分析，有针对性地调整公共财政支出结构，促进基本公共服务结构优化，进而满足区域内居民基本公共服务需要。

从短期来看，经济基础直接影响区域基本公共服务财政支出结构。马斯格雷夫认为，政府公共财政支出结构的变化同经济发展阶段的演变密切相关。在经济发展初期，为促进经济的发展，政府公共财政支出以经济建设性支出为主，通过对交通、通信、电力等基础设施的建设促进经济的增

长；当经济发展逐渐成熟，政府公共财政支出以社会性支出为主，对教育文化、医疗保健、科技创新等社会服务增加投资，促进经济高质量发展。经济基础差的地区，内生性财政收入增长不足，由于公共财政支出的增长，区域政府财政压力大。为促进区域经济的发展，在面临财政收入与支出不平衡的困境时，政府增加经济效益见效快的生产领域的投资，忽略教育、技术等长期性经济效益的投资。因此，经济基础差的区域，生产性领域财政支出比重大、社会性财政支出比重小，进一步影响基本公共服务供给结构。经济基础好的区域，交通、通信等基础设施建设较为完善，会着重提高对技术、教育、医疗等领域的财政支出，促进本地经济高质量发展。

从长期看，经济基础带来的基本公共服务财政支出结构的差异，影响区域基本公共服务的积累，加剧区域基本公共服务非均等化。经济基础好的区域注重对社会性基本公共服务的财政支出，有利于人才、技术等生产要素的积累，促进区域内经济资源积累和经济的提质增效。资本、人才的流动会增加区域基本公共服务需求，形成公共产品拥挤现象。为了有效预防和缓解公共产品拥挤效应，区域政府会增加基本公共服务财政支出的规模，调整基本公共服务财政支出结构，进而满足区域内经济部门公共服务的需求。反之，区域经济基础差的区域对社会性基本公共服务财政支出较少，人才、资本流失及大量生产要素的流出使当地经济发展疲弱，并且区域内基本公共服务需求减少，区域基本公共服务存在闲置现象，进而减少基本公共服务供给。由此，区域基本公共服务非均等化问题更加严重。

（二）产业结构差异影响区域基本公共服务供给结构

经济结构中产业结构的差异对区域基本公共服务供给结构具有重要影响。区域产业结构发展差异影响区域对基本公共服务不同种类的重视程度，进而影响区域基本公共服务供给结构。

以第一产业作为经济增收产业之一的区域需要大量的廉价劳动力资

源，这些劳动力资源较第三产业劳动力的年龄层次高，对养老等社会保障领域的基本公共服务资源的需求量大。并且农业附加值较低，以农业为主的地区经济发展较为落后，当地的基础设施和生活设施相对缺乏。近年来，我国大力推进农业现代化的发展，提高农业技术和质量。以农业发展为增收产业的区域对水利、交通、农业技术设施等基础设施，以及农业技术培训等方面的教育领域基本公共服务资源需求量大。因此，第一产业发展较好的区域对生产性基本公共服务领域的供给较多，社会性基本公共服务领域只进行部分供给。

第二产业的发展阶段不同，基本公共服务供给不同。当第二产业以粗放型生产为主时，政府注重生产要素的投入数量和规模，对交通、电力、大型工业建筑等基础设施领域的生产性基本公共服务的供给量大。当第二产业进入转型时期，以集约型生产为主时，注重生产效率和生产技术的提高，政府对当地的技术和教育投资较多，生产性基本公共服务和社会性基本公共服务的供给结构较为均衡。

第三产业的发展需要优质劳动力和丰富的资本作为支撑。随着信息技术的发展，当前新兴服务业和商业发展较为繁荣，对高质量劳动力和技术具有较大需求，以第三产业为主的地区重视对当地教育、医疗、科技等基本公共服务的供给，促进当地人力资本、科学技术的发展。因此，社会性基本公共服务供给较多。

各区域的资源禀赋不同，选择的产业结构具有差异，进而影响区域基本公共服务供给结构。中西部区域土地广袤、自然资源丰富，有利于发展第一、第二产业。并且中部地区交通条件较好，优越的交通条件有利于发展交通运输、仓储邮政等服务业，对交通基础设施的要求较高，当地生产性基本公共服务供给较多。京津冀、长三角等东部地区的人力资本、资金、技术等生产要素集聚，有利于第三产业的发展，对教育、技术、医疗、社会保障的等方面更为重视，资金投入量大，社会性基本公共服务供给比重大。因此，我国中西部地区与东部地区的基本公共服务供给结构存在明显差异。

（三）消费结构差异影响区域基本公共服务供给结构

消费结构的转型升级，有利于提高居民的消费层次和质量，通过内需带动区域经济的发展，通过公共消费促进基本公共服务供给结构的调整。消费结构的转型升级不同于投资的外部拉动，前者通过提高当地的内生增长动力拉动基本公共服务供给。基本公共服务投资对资金的依赖程度大，当资金的投入不足时，当地基本公共服务供给存在缺陷。并且，由外部投资推动当地基本公共服务供给在很大程度上是自上而下的供给导向，对当地居民的基本公共服务需求了解不足，区域基本公共服务供给和需求脱节，既浪费基本公共服务资源，又无法为当地居民提供满意的基本公共服务。区域消费结构的转型升级有利于居民公共消费规模和质量的提升，由内需拉动基本公共服务供给，使当地的基本公共服务供给与需求相适应，提高基本公共服务效率，优化基本公共服务结构。

经济发达地区居民收入高，居民消费由实物消费转向服务消费，当地的文化娱乐、教育、医疗、旅游等方面的消费比重提升，通过内需拉动社会性基本公共服务结构的提升，文化、教育等方面的社会性基本公共服务比重增加。而经济发展滞后地区，居民的消费结构较为单一，生存性消费比重大，发展性消费和享受性消费比重较低，社会性基本公共服务数量和质量的需求相对于经济发达地区较小，内需拉动力低。经济落后地区以资金驱动基本公共服务供给的投资方式仍占据绝大部分，更容易受到政府政策经济偏好的影响，当地生产性基本公共服务供给较多，社会性基本公共服务供给无法满足当地居民的需求。

珠三角、长三角地区经济发展较好，消费结构更为合理、优化，通过强有力的内需消费拉动区域基本公共服务供给。由于当地居民拥有良好的物质条件和较高的精神消费能力与需求，文化、教育、医疗健康等领域的社会性基本公共服务消费比重高，进而拉动当地社会性基本公共服务供给。东北地区由于早期资源型产业的发展，在去产能背景下，无法快速适应当前经济形势，经济结构发展单一。我国提出的东北老工业基地振兴战略是加强对东北地区的资金投资，而投资拉动的经济发展在选择上具有倾向性，资金流向更具有优势的生产性工业建设，相应的生产性基本公共服务供给较多，而对于社会性基本公共服务投资较小，从而影响东北地区的投资消费结构和基本公共服务结构。

（四）区域经济结构协调差异影响基本公共服务供给结构

区域经济结构的不断调整和完善可以有效缓解区域经济发展不平衡，从而使区域基本公共服务一体化、均等化进程加快。区域经济发展协调联动，在补齐自身短板的同时，优化自身经济结构，推进区域经济结构的优势互补，带动区域基本公共服务供给结构的合理调整。但是，由于区域内经济发展方向具有定势，经济结构的优化调整面临极大的阻碍。由于存在区域间经济社会发展壁垒，区域间经济结构的发展较为孤立，无法达到优势互补的效果，从而使区域内和区域间的经济结构协调能力受到限制，区域经济发展不平衡，区域基本公共服务非均等化问题较为严重。

产业结构的高级化使当地重视知识、技术、人才等优质生产要素的积累和吸纳，因此，教育领域、医疗卫生领域、科技领域的基本公共服务供给较多，社会性基本公共服务供给比重大。产业结构的合理化是区域不同产业之间相互作用、相互协调，按一定比例统筹规划，使区域产业结构趋向合理。

我国通过第三产业的发展带动第一、第二产业，使产业结构向着高级化的方向转型升级，促进本国经济的高质量均衡发展。但是，我国部分区域由于资源禀赋、经济发展等方面的差异，不具备产业结构高级化发展的比较优势，盲目地促进区域产业结构的高级化调整，将不利于本区域优势产业的发展，反而会造成当地产业结构调整的停滞不前。应根据本区域特色对产业结构进行合理化调整，适当推进产业结构高级化、促进结构要素资源的优化配置，达到综合效益最大化的目的。

近年来，东部地区逐步加强第三产业的发展，提高第三产业在三大产业中的比重。以京津冀地区为例，《北京市 2020 年国民经济和社会发展统计公报》显示，京津冀地区三次产业构成为 0.4：15.8：83.8，产业结构向高级化方向调整。并且，京津冀地区通过产业分工协作，北京产业高端化发展、天津服务业发展迅速、河北先进制造业向中高端发展，从而使区域内产业协作能力增强。京津冀地区产业结构向高级化方向发展，对人力资本、资金、技术等生产要素资源需求大，政府应加强对教育、文化、科技等社会性基本公共服务的供给。同时，该地区产业结构的协同发展加大了地区的合作力度，有利于基本公共服务的协调推进，进而促进服务均等化的发展。随着东北振兴战略的实施，东北地区产业结构合理化、高级化程度得到显著提高。但是，该地区由于早期资源型城市的发展，对当地资源依赖度大，资源型产业仍然占据重要地位，产业结构调整较困难，产业同构化严重，加剧了地区产业竞争，区域合作力度小，不利于区域基本公共服务合作。此外，我国东北地区人才、资金等生产要素的集聚效应较东部地区弱，发展第三产业的优势较东部地区差，因此第三产业发展较东部发达地区差，教育、科技等领域的基本公共服务供给相对较少。对第一、第二产业的发展使东北地区对交通等生产性基本公共服务供给较多。因此，产业结构的协同发展影响区域基本公共服务协作，产业结构的高级化和合理化程度影响区域基本公共服务供给结构。

第二节 基本公共服务均等化区域
差异的政策影响因素

一、制度差异影响基本公共服务区域均等化

(一) 财政制度的不完善造成区域间基本公共服务非均衡

政府财力是履行政府职能的经济保障。政府基本公共服务供给水平要求政府具有稳定的财力为其提供物质保障。为促进基本公共服务均等化发展，我国进一步完善政府财政制度。通过合理划分中央和地方的公共服务支出责任、健全地方税收体系、完善中央转移支付体系等方式，增强基本公共服务均等化的财政支持力度。但是，此种财政分权制度仍然存在一些问题，在一定程度上带来基本公共服务均等化区域差异。具体体现在以下三个方面。

1. 体现在传统税收制度的不合理方面

1994 年的分税制改革，详细界定了各级政府的税收种类和分享比例，中央政府在全国税费收入中的比重得到提高。不断增加的中央政府的财政税收与有限的地区税收形成较为明显的对比，致使地方间进行经济竞争，以谋求更多的福利。改善地方投资环境，以更好地吸引投资促发展与争取各种税收的优惠政策成为经济竞争的主要表现方面。但在较为发达的地区，提供高质量的基础设施或有利于生产的基本公共服务也能成为经济竞争的表现，并间接地促进了基本公共服务水平的提升。交通运输的支出成为东部地区为增加财政收入的重要发力点，2008 年其交通运输支出占全国交通运输支出的 35% 以上，间接地促进基础设施的建设速度，完善并提升了基本公共服务的发展。而在经济欠发达地区，对基础教育、公共卫生、

环境保护等基础性服务方面的投入，因其重心更倾向于社会经济发展领域而受到较大程度的负面影响，政府致力于直接提供生产性公共服务产品而减少或忽略对与普通居民生活有关的生活性公共产品的供给，政府难以将经济建设和基本公共服务建设两手并抓，从而使为增加税收偏重于以提升经济发展作为目标的地方政府难以把握对公共服务的支出，使得基本公共服务的差距持续增加。

2. 体现在存在着明显缺陷的转移支付制度

财政的转移支付体系是基本公共服务均衡化的主要手段。大部分国家采用的转移支付形式由一般性转移支付和专项转移支付构成。我国转移支付制度保护了一些地区利益，因而使转移支付在发挥促进地区平衡发展能力方面效果不佳，甚至收效甚微。一般性转移支付在我国全部财政转移支付体系中占很大比重；专项转移支付主要为解决地区间具有外溢性的基本公共物品或服务的供给情况，所占比重极小，因此一般转移支付很难充分发挥出基本公共服务均等化作用。

为了有效控制区域基本公共服务的差距，中央政府通过转移支付等方式调控地方经济差距，促进区域基本公共服务均等化发展。但同时带来了一些负面影响。首先，经济滞后区域对获得中央财政的转移支付容易产生依赖感，自身财政自给能力低下，当基本公共服务供给门槛上升到一定程度时会降低地方政府公共服务供给水平。这种输血性的扶持不能产生内生动力，长期来看，不利于改善区域基本公共服务非均衡格局。其次，转移支付的获取和使用会随着区域政府经济基础的变化而产生差异，最终可能会导致中央转移支付的目标和地方转移支付的使用方式相悖，基本公共服务区域差异并没有明显改善。如一般转移支付对资金的用途和范围没有明确规定，经济发展较为滞后地区一般转移支付的资金流入基本公共服务的可能性不大，对区域基本公共服务均等化发展作用不明显。部分专项转移支付的获取具有一定的门槛，需要区域政府提供一定比例的资金配套才能争取相关的专项转移支付。此种条件加大了经济滞后地区的财政压力，使财政资金紧缺，可能会使资金不充足的地区政府放弃专项转移支付。而经济较为发达地区政府资金较为充足，会倾向于争取到更多的专项转移，因此，会加剧区域政府财政收支差距，使区域基本公共服务供给差距进一步扩大。

3. 体现在不合理的财政支出结构

财权与事权的不相匹配加重了基层政府的财政困难，财权逐层上收而事权逐层下沉，公共服务的事权主要是下发到了下级政府承担，其所需提供的公共服务项目还包括了义务教育工作、公共卫生、社会保障等，有限的经费难以保证人均平等而公平地享有公共服务项目。如义务教育的经费问题，减去中央承担不足 2%、省级政府承担的 10% 和县级政府承担的 11% 之下，剩余 77% 的经费搭在了乡镇政府的财政支出的担子上，无疑加重了地方的财政压力。且教育的投入需要大量的投资，产生回报的周期更长，地方政府会因受限的财力而偏向于短期的经济投入，从而忽视了对当地发展教育事业的长远考虑。在能力方面，基层政府难以提供充足的基本公共服务，必然导致纵向不同的基本公共服务提升速度。

对税权的划分一直由国务院进行，没有上升到规范的法律层面，因此税权划分没有统一的原则。对中央税、地方税、共享税的税权配置比例可能会依据中央的具体需要进行变化，因此，区域政府没有稳定的税源对基本公共服务进行财力支撑。同时，此种税权配置方式也进一步造成了地方政府财权、事权不匹配等问题。由于税权划分没有法律的明确规定，完全由政府进行统一管理，将会出现事权和支出责任划分不清、边界模糊等问题，在上下级政府间既存在支出责任的交叉重叠，也存在政府间相互推诿，严重阻碍基本公共服务供给效率。

财政分权制度使中央与地方承担的基本公共服务财权、事权不匹配，逐渐形成财权上移、事权下移的局面。由于区域政府财政能力存在差异，随着地方政府基本公共服务支出责任的扩大，区域基本公共服务供给的数量和质量产生差异。区域政府财政能力差异影响区域政府对生产性基本公共服务和社会性基本公共服务的重视程度。区域政府财政实力较弱，但基本公共服务支出责任扩大，在对有限的财政资源配置时会倾向于生产建设类财政支出，社会性基本公共服务供给数量不足、质量不高，不利于区域基本公共服务均等化发展。区域政府财政实力较强，即使政府基本公共服务支出责任扩大，出于本地经济进一步发展的考量，也会逐渐提高社会服务类财政支出，为当地经济发展和居民生产生活提供丰裕的、高质量的基本公共服务。此外，财政分权制度使上下级政府职责同构，事权和责任模糊，导致公共服务供给主体缺失，当区域政府财政实力较弱时，区域政府对基本公共服务供给互相推诿，区域政府基本公共服务供给效率低下。

（二）城乡二元体制固化成为基本公共服务均衡发展壁垒

改革开放以来，我国一直致力于破除城乡二元体制，消除其带来的体制机制等方面的缺陷。但是，早期的城乡二元体制形成的各种经济、制度差异仍然制约着区域城镇化的发展，不利于区域基本公共服务均等化。

城乡二元经济结构影响城乡基本公共服务供给和需求。城市经济以现代工业生产为主，劳动报酬和经济效益高；农村经济以传统农业为主，农业投入回报率低，农产品价格和劳动力价格低于城市，农村经济效益低。从供给方面看，农村经济发展落后，基本公共服务资本收益率低，农村基本公共服务投入量少；经济发展落后地区，对生产建设支出的意愿强烈，生产性基本公共服务比重大，社会基本公共服务比重小。

城乡户籍制度形成的制度分割和地区分割阻碍城乡基本公共服务均等化。城乡之间由于早期的户籍制度形成了制度分割和地区分割的城乡二元体制，这种城乡二元体制使城乡基本公共服务供给割裂，不利于城镇化的发展，进而影响区域基本公共服务均等化。早期的城乡户籍制度将全国人口分为农业人口和非农业人口，国家依据户籍制度制定不同的基本公共服务政策和供给方式，城市和农村居民因身份不同享受到的社会服务存在差异。改革开放后，国家致力于消除城乡二元户籍制度带来的体制机制障碍，进一步促进城乡人口、资源要素等自由流动。但是，目前农村流动人口在城市享受的就业、社会保障、随迁子女教育等基本公共服务同城市人口相比仍然存在较大差距。并且，农村转移人口落户城市的过程中，户口迁移存在隐形门槛，严重阻碍农村转移人口市民化，不利于国家城镇化策略的推进。因此，城乡户籍制度改革对城乡基本公共服务均等化发展具有关键性作用。

城乡土地制度的二元化扩大了城乡经济差距，不利于城乡基本公共服务均等化。城乡土地规划影响城乡经济发展。国家将城市土地规划为建设用地，城市通过基础设施建设和工业发展，促进城市经济的发展。为保证国家粮食和生态安全，农村土地规划为农业用地，建设用地较少。农村的发展以附加值较少的农业为主，不利于农村经济的发展。城乡土地流转差异影响城乡经济发展。我国宪法规定城市土地归国家所有，农村土地归集体所有。随着经济的不断发展，土地的价值也随之增加。但由于城乡特殊的土地制度，使城市土地能在市场上自由流通，通过土地资源的合理配置促进城市基本公共服务资源的有效供给。而农村土地属于集体所有，由农业用地转为非农用地的政策限制较多。并且，土地流转效率受限。国家为保障粮食安全，限制农业用地的流转，出于公共利益的需要对土地进行流转需由政府进行土地征收，从而使土地的流转具有单向性，在一定程度上使部分土地资源闲置，降低土地资源利用效率。因此，城乡土地制度影响城乡基本公共服务均等化的实施。

（三）政府绩效考核和激励制度影响区域基本公共服务供给结构

以 GDP 为主要指标的政府绩效考核和激励制度使政府官员倾向于经济建设，忽视基本公共服务的提供，影响区域基本公共服务供给结构。

政府绩效考核理论上应该涉及多方面的内容，但是，由于许多因素不便于衡量和记录，最终政府绩效考核以政府财政能力、当地经济发展为主要考核指标，政府绩效考核过于单一。目前，我国基本公共服务综合评价指标不完善，基本公共服务的绩效考核制度不成熟。现行的基本公共服务绩效考核以基本公共服务的财政支出和产出水平为主要参考指标，最终的基本公共服务绩效考核仍与经济发展相联系。

经济增长导向的政绩考核晋升机制导致区域基本公共服务结构性失衡。以 GDP 为政府绩效考核的主要指标，政府着重履行经济职能，忽视政府的社会职能，容易造成资源配置低效率，资金投入与产出低效率。区域政府为得到经济和政绩上的绩效，制定较高的经济增长目标，将有限的经济资源运用到经济增长快、能够带来更多利益的领域，虽然使经济在一段时间内得到了快速的增长，但忽视了民生保障相关的社会性基本公共服务的投资，对经济周期长的社会性基本公共服务领域的资源投入较少，区域基本公共服务供给结构失衡。并且，政府对经济过度干预，将资源投入到许多不需要政府干预的经济领域，造成公共资源的浪费。

政府绩效管理尚未成熟，影响区域政府基本公共服务绩效管理。我国政府绩效管理起步较晚，绩效评估体系的科学性、合理性有待优化。区域基本公共服务绩效考核的比重较低，基本公共服务绩效管理体系不成熟。政府绩效考核各项指标的占比不合理，绩效考核偏重经济指标、缺乏综合性的社会指标。政府绩效考核过程中形式化严重，考核的实质效果和考核要达到的目标相悖。考核过程参与主体较为单一，政府绩效管理较为封闭，公众与政府信息不对称。由于政府绩效考核是对政府行为的一种管理和约束，政府绩效管理的不完善，将使中央对地方、上级对下级政府的行为缺乏有效的了解、管理和引导。地方政府绩效管理存在缺陷会使地方政府基本公共服务均等化政策执行缺乏主动性和有效性。这样就会使基本公共服务均等化政策浮于表面，没有下沉到执行这一核心，不利于区域基本公共服务均等化的发展。

政府激励制度增加地方政府的独立性和主动性，影响区域基本公共服务供给结构差异。政府激励制度以经济激励和政治激励为主，使地方政府由政策执行者变为政策决策者和执行者，地方政府的独立性和主动性增强，辖区意识增强。激励制度减少中央对地方政府的约束，独立性增强。基本公共服务均等化政策是针对全国范围提出的标准化的战略，地方政府作为理性选择的主体，根据本地的具体情况制定具体的、详细的基本公共服务操作细则。由于地方政府的独立性和区域发展差异，各地区基本公共服务的建设和完善程度不同，基本公共服务存在区域差异。地方政府主动性存在区域差异。当国家政策符合本地区的发展阶段，地方政府的积极性和创造性强，基本公共服务均等化实施程度高。当国家制定的政策对于地方政府来说，执行具有较大困难时，地方政府的积极性和主动性不强，基本公共服务均等化实施水平较低，需要中央政府通过各种政策支出的补偿推动地方政府执行政策。

二、政策执行程度影响基本公共服务区域均等化

（一）政策经济价值导向，扩大了区域基本公共服务供给差异

在政策经济价值导向下，地方政府对基本公共服务政策的选择和执行程度不同。政府在推动政策过程中以现在面临的较为严重的问题或者预期的问题为主进行决策和执行。经济落后地区面临的问题是如何在短期内缓解经济发展困境，以经济价值为导向，对经济增长的意愿强烈，在制定政策过程中，能够促进经济增长的政策议题更容易纳入政策议程，更容易激发政府积极性。但是，基本公共服务短期经济效益不高，且实施成本大，经济落后地区对该政策的执行度低。地方政府在执行基本公共服务政策时更注重经济价值，忽视基本公共服务的公益性和共享性。基本公共服务供给以生产性基本公共服务供给为主，忽视社会性基本公共服务供给。因此，该地区在执行基本公共服务政策过程中以经济价值为导向，对符合本

地经济发展的政策执行积极性高，对基本公共服务等社会服务政策的参与度低，不利于当地基本公共服务均等化政策的实施。经济发达地区对预期的问题的应对能力要求较高。随着经济的发展，经济发达地区面临的问题是如何促进经济高质量发展的经济问题和解决人口结构变化等社会问题，具有持续性、长期性的特点。地方政府通过对教育、医疗等方面的基本公共服务供给，能够增强经济发展的内生动力。因此，经济发达地区为了促进经济提质增效，对社会服务类建设的主动性增强，增加社会性基本公共服务的规模，提高基本公共服务质量。不同的发展阶段，政府政策解决的问题不同，政策执行程度具有差异性，致使区域基本公共服务供给不同。

区域政府合作以经济价值为导向，区域间经济发展的同质化竞争影响区域政府基本公共服务政策合作程度。造成区域同质化竞争的原因有很多：第一，相邻区域间由于地理区位、资源禀赋、历史文化条件大致相当，区域发展定位趋同化，产业发展面临同质化竞争。第二，区域经济一体化程度不够，资金、资源、劳动力等各种生产要素在区域空间范围内没有得到充分流动，区域经济没有形成有效的分工协作，区域信息、政策联动性低，发展依存度不高，形成区域间同质化竞争。第三，区域产业发展处于初级阶段，产品同质化严重，替代性竞争加剧。区域政府以经济价值为导向，以本地区经济利益为主，经济发展行政分割严重，缺乏跨区域合作，产业同质化竞争严重，从而影响区域基本公共服务均等化政策的实施。区域发展一体化程度高的地区，在经济发展方面能够分工合作，政策制定方面能够妥协沟通，促进区域间合作共赢，为区域基本公共服务均等化政策的实施营造良好的政策环境，促进基本公共服务均等化政策有效执行。同质化竞争严重的区域，以行政区划为分割线，各自发展，基本公共服务供给无法合作实行，区域间基本公共服务供给碎片化、分散化，基本公共服务标准不一，降低基本公共服务均等化政策执行效率，阻碍区域基本公共服务均等化。

（二）政府主导模式惯性大，基本公共服务供给方式变革缓慢

改革开放初期，由于市场体制尚未健全，市场主体缺乏，我国公共服务供给方式以政府主导为主。如今市场体制不断健全，同时民众的需求不断增加，急需转变基本公共服务供给方式以适应经济发展和人民的需要。区域政府管理观念存在差异、区域经济开放程度不同，区域基本公共服务供给主体参与度不同，影响区域基本公共服务均等化。

我国地缘辽阔，地方政府的管理方式千差万别，政府职能转变进程因此受到阻碍。服务型政府建设较为完善的区域，积极转变政府角色，深化"放管服"改革，完善相关政策，破除社会力量进入基本公共服务供给过程中的体制机制障碍，放宽准入限制，积极鼓励支持相关社会组织的发展，推动基本公共服务多元供给格局的建立。因此，由政府主导基本公共服务供给模式转向基本公共服务多元供给模式的速度加快，利于区域基本公共服务供给效率的提高。而政府职能转变较慢的区域，政府主导模式惯性大，基本公共服务供给准入门槛高，多元主体供给基本公共服务的政策环境较差。政府主导基本公共服务供给模式下，政府容易出现寻租行为，并且由于缺乏外部力量对其进行监督和管理，其他社会组织和市场主体难以进入。政府主导模式的惯性将严重影响区域基本公共服务供给方式的转变，阻碍基本公共服务多元供给主体的参与，不利于当地基本公共服务供给水平的提升。

政府基本公共服务机构设置具有滞后性，基本公共服务市场主体对政府依赖性强。区域政府职能转型时间和方式各异，区域经济发展水平不同，政府公共服务机构建设、现代化市场体系建设进程不同。政府转型较快、经济发展较好的区域，全面整合基本公共服务机构设置、优化基本公共服务主体进入的审批流程，提高审批效率，促进基本公共服务模式转变。并且，该区域市场主体发展较为成熟，对政府依赖度减弱，独立性增强。因此，区域基本公共服务供给能力存在差异。

（三）行政路径依赖，基本公共服务均等化角色混乱，效果不佳

政策的执行主体和目标群体的素质影响基本公共服务均等化政策的行政推动力度。我国基本公共服务均等化政策实施的一大特点是自上而下的行政推动，缺乏政策执行主体和目标群体的积极主动参与。

基本公共服务均等化是由政府的外部政策强势推动并主导整个过程进行的，忽视基层执行主体的主动性，从而使基层对上级政府和政策产生依赖。缺乏独立性和自主性的政府部门和组织执行基本公共服务政策效率低，从而陷于低效或无效的制度锁定状态，不利于政策的积极推动。

区域政府的政策执行主体和目标群体的素质越高，政策执行主体的积极性越高，目标群体的表达欲望越强，基本公共服务均等化政策的执行力越强，行政推动作用越弱。区域政府的政策执行主体和目标群体的素质较低，行政推动的路径依赖使政策执行主体和目标群体缺乏创新意识，不利于政策的深入开展。基层政府和组织在执行政策的过程中只遵循上级批示和政策文件，缺乏自我思维变革和观念创新，使基本公共服务均等化政策执行集中于表面难以取得实质性的进展。

基本公共服务资源交易市场的成熟度会受到政府行为的影响。基本公共服务供给过程中由行政推动、政府对资源配置具有绝对地位，由于对政府行为缺乏明确、规范的约束机制，以及政府在基本公共服务决策中容易出现自利性心理，政府在基本公共服务资源配置中难免出现缺位、错位和越位。并且，区域政府在基本公共服务资源交易市场中的权力边界比较模糊，没有进行清楚的划分和法律规范，区域政府既是基本公共服务资源交易市场的管理者，又是市场交易的资源提供者，既负责基本公共服务资源交易市场的决策和管理，又负责基本公共服务资源交易行为的执行与监督。在资源交易中容易角色混乱、市场秩序紊乱，不利于基本公共服务供给。

三、政策评估反馈影响基本公共服务区域均等化

（一）基本公共服务均等化评估标准差异影响供给水平

2021 年 4 月，国家发展改革委等 21 个部门颁布了《国家基本公共服务标准（2021 年版）》，2022 年 1 月印发《"十四五"公共服务规划》，明确提出国家基本公共服务标准，明确基本公共服务项目的服务对象、服务内容、服务标准、牵头负责单位及支出责任。国家制定的基本公共服务标准有利于改善民生，促进发展成果由全民共享，为地方政府和各行业部门完善基本公共服务评估标准提供重要依据，划分中央和地方基本公共服务责任，明确地方基本公共服务供给的底线和范围，促进基本公共服务均等化的实施。但是，国家制定的一系列基本公共服务标准是根据全国的经济、社会发展水平、地方政府财政能力等因素而制定的底线标准，由于全国各地经济发展水平不同、财政能力差异，各地区在提供基本公共服务时，根据本地区的具体状况在国家标准的基础上制定不同的地区基本公共服务实施标准，使各地区构建的基本公共服务评估标准存在差异。

区域基本公共服务标准差异影响区域基本公共服务供给的内容。区域财政收入是区域基本公共服务标准制定的经济基础，影响区域基本公共服务供给水平。经济发展好的地区，政府财政实力强，区域基本公共服务供给和需求规模大，当地政府根据本地具体情况制定的基本公共服务标准的内容和指标高于国家基本公共服务标准。经济发展较差的地区，政府财政实力弱，无力支撑过多的基本公共服务供给内容，制定的基本公共服务标准内容和指标保持在国家基本水平，同发达地区相比差异大，从而导致区域基本公共服务供给水平差异。根据《中国统计年鉴》，2020 年，四川省一般公共预算收入是 4261 亿元，湖南省一般公共预算收入是 3009 亿元，云南省一般公共预算收入是 2117 亿元。根据经济、社会发展水平、财政保障能力、行业领域特点，四川成都将基本公共服务标准分为 9 大类、25

个小类、104 项服务；湖南基本公共服务标准分为 9 个方面、22 个大类、80 个服务项目；云南实施标准分为 9 个方面、22 个大类、81 个服务项目。四川由于经济发展较云南好，地方政府财政收入较多，制定的基本公共服务实施标准服务项目多于国家标准的服务项目。湖南省和云南省由于经济、财政限制，制定的基本公共服务标准保持在国家基本标准底线。由此可知，经济社会发展、财政实力不同，区域制定的基本公共服务标准存在差异，进而影响基本公共服务供给水平。

区域基本公共服务标准差异影响区域基本公共服务供给质量。区域基本公共服务评估标准不仅建立在区域经济发展水平、财政实力上，还与区域基本公共服务评估技术有关。高质量的评估标准的制定需要创新评估方法，通过多维视角和多元数据对当地基本公共服务水平进行科学、合理的衡量和评估。因此，基本公共服务评估技术的差异影响区域基本公共服务标准，基本公共服务涉及的项目越多，越需要优秀的相关专业人才和技术进行科学、专业的基本公共服务评估。例如，对教育领域的基本公共服务评估，需要了解教育领域的专业人才选取评估指标和评估方法对教育的投入与产出、教育效率、教育科研水平等进行定性和定量的科学评估，对区域基本公共服务评估技术具有重大挑战。因此，区域基本公共服务评估技术不同，当地建立的基本公共服务标准的内容和指标就不同，影响区域基本公共服务评估质量和供给水平。

（二）基本公共服务均等化监督过程差异影响供给效率

基本公共服务监督问责机制将监督问责内容、监督问责对象、监督问责方式进行明确划分，具体落实监督责任和监督过程，促进基本公共服务供给效率的提升。我国基本公共服务监督问责机制正处于试点和探索阶段，基本公共服务监督问责机制并不健全，使区域基本公共服务监督存在差异。

预算绩效管理制度的完善程度影响区域基本公共服务供给效率。预算绩效管理制度要求同基本公共服务标准衔接匹配，区域预算绩效管理体制的不断发展和完善，推动了卫生健康领域基本公共服务预算绩效管理工作的实施。预算绩效管理制度的健全和完善能够提高公共资源配置效率，优化公共服务质量。但是，我国预算绩效管理制度仍然存在许多的问题：预算绩效管理制度不健全，监督约束机制不完善，预算绩效没有进行适时调整和动态监测。当区域预算绩效管理制度的优化速度滞后，不能为区域基本公共服务提供有效的监督机制时，区域政府基本公共服务供给可能存在缺位、错位现象，不利于区域基本公共服务供给效率的提高。

基本公共服务监督信息透明化、基本公共服务监督主体的多元化有助于区域基本公共服务监督的公开、透明，提高基本公共服务均等化的监督力度，提高基本公共服务供给效率。区域政府应该明确监督信息的公开内容和公开程序，为社会公众对基本公共服务情况的监督提供便利。例如，区域政府基本公共服务预算公开过程中，"其他支出"的比例过重，社会各界难以理解，预算内容和范围不明确，公开的政府预算类型较为笼统、含糊不清，社会各界难以对其进行了解和监督；区域政府有效、规范引入第三方监督机构作为基本公共服务的监督方式，弥补政府内部监督的局限性，促进基本公共服务监督公开化、透明化。

基本公共服务监督责任清晰化、监督部门独立化有利于提高区域基本公共服务供给效率。由于政府官僚体制中错综复杂的监督关系，各种权力、职能的交叉，使得基本公共服务均等化监督互相推诿，责任无法落实，造成基本公共服务供给的低效率。基本公共服务监督责任需要按照一定的规则进行责任划分，将具体监督责任落实到个体部门和官员上，防止监督责任划分不清导致的部门推诿、无效监督。监督部门受各种权力关系的掣肘，基本公共服务均等化监督的过程中容易陷入象征性监督的困境，区域政府在执行基本公共服务监督时做表面文章，将基本公共服务成效集中于纸质材料中，使监督没有实质效果。基本公共服务监督部门既接受上级部门的业务指导，又接受同级政府的领导。区域政府与公共服务监督部门属于从属关系，公共服务监督部门的人员编制、工作经费等由区域政府提供，因此，监督部门对区域政府基本公共服务的执行和落实情况的反馈必须符合区域政府的利益，基本公共服务监督实质效果不明显。此外，第三方监督机构的独立程度也会影响区域基本公共服务监督和供给。第三方监督机构进行监督评估时容易受到委托单位的暗示、干扰，存在寻租行为。当区域基本公共服务监督部门或机构的责任划分明确，具有充分的独立性时，区域基本公共服务监督事半功倍，促进区域政府基本公共服务均等化政策的有效执行。当区域政府对基本公共服务监督不够重视，监督责任落实不到位，监督部门或机构对政府依赖度高，区域基本公共服务政策的执行无法得到有效的监督，基本公共服务供给效率低下。

（三）基本公共服务均等化结果反馈差异影响供给质量

基本公共服务均等化结果的评价和反馈，是对区域基本公共服务目标和结果的对比以及对人民基本公共服务的满意度的收集，有利于对基本公共服务均等化政策的动态监测和调整。区域政府对基本公共服务均等化结果反馈的重视程度不同，基本公共服务供给质量存在差异。

基本公共服务均等化结果评价差异影响区域基本公共服务供给质量。区域政府能力差异影响基本公共服务评价质量。基本公共服务结果评价涉及评价人员、评价指标、评价方式等方面，通过专业人员对基本公共服务评估结果和基本公共服务预期目标的对比，反映区域基本公共服务供给短板和问题。区域政府基本公共服务政策的主动性影响区域基本公共服务评价质量。政府通过评价结果分析基本公共服务是否符合当前发展要求，由政府推动基本公共服务政策的调整和完善，进而满足人民群众的基本公共服务需求。政府在政策执行时积极履行职责，基本公共服务结果的评价和政策的调整更为主动。当区域政府在执行基本公共服务政策时缺乏积极性、主动性，对政府社会职能不重视，区域政府基本公共服务结果评价更为松散、模糊，难以形成有效的评价结果反馈机制，区域基本公共服务政策很难得到切实调整。

基本公共服务结果反馈平台影响区域基本公共服务供给。区域政府通过建立健全社会监督、反馈平台和机制，既为社会各界提供了便利的反馈平台，又方便政府收集反馈信息。政府能够充分了解基本公共服务供给短板，及时调整基本公共服务相关政策和战略部署，推进基本公共服务均等化。基本公共服务结果反馈平台的建立要求区域政府数字化管理的创新及数字技术的提高，从而能够精准收集和识别社会各界对政府基本公共服务供给的意见和需求，通过基本公共服务结果反馈达到提高供给质量的目的。因此，区域政府技术的差异会影响区域基本公共服务结果反馈平台的建设，进而影响区域基本公共服务供给质量。

人民满意度的结果反馈差异影响基本公共服务供给质量。人民是基本公共服务的接受者，是基本公共服务的利益主体，区域政府将人民满意度纳入基本公共服务评价体系中，有利于回应人民的需求，增强人民群众的获得感、幸福感和安全感。通过自下而上的结果反馈，检验基本公共服务供给质量，发现政府在提高基本公共服务过程中的不足并有针对性地进行改善，为人民群众提供多样化、个性化的公共服务产品。区域政府对基本公共服务满意度的调查范围、信息公开度、调查过程真实性和可靠性等方面的差异影响区域政府基本公共服务供给质量。同时，人民满意度是一个动态变化的指标，跟踪反馈机制健全程度影响区域基本公共服务供给质量。区域政府以人民不断变化发展的需求为导向，为人民群众提供满意的基本公共服务，提高基本公共服务均等化程度。由于服务型政府的建设和政府角色转变差异，不同地区政府对人民满意度等社会指标的重视程度不同。区域政府对人民满意度的收集和跟踪反馈机制建立的重视程度不同，对基本公共服务结果反馈的运用程度存在差异，影响区域基本公共服务供给质量。

第三节　基本公共服务均等化区域差异的
人文素质因素

一、区域地理空间差异影响基本公共服务均等化

（一）区域地理位置影响基本公共服务的管理

在自然地理因素差异下，各省市的经济发展受地理环境的影响很大。一些地区受益于天然的优越地理环境，其地区经济发展在相同的时段内就会快于其他地区，所创造的经济总量也就比其他地区大。江苏、浙江、广东等东部省份利用自己良好的自然环境和优越的地理位置为地区内的生产活动与发展吸引了大量外资。截至 2017 年，全国各省市实际利用外商投资企业高达 18 993.56 亿美元，其中东部利用外商投资企业 16 230.61 亿美元，占比 85.45%；中部利用外商投资企业 1492.37 亿美元，[1] 占比 7.86%；西部地区利用外商投资企业最低，为 1270.58 亿美元，占全国实际利用外商投资企业比重 6.69%。由此可见，各地区都在进行经济开放，外资的主要投资重点与偏向仍放在东部地区。从东部地区外商投资额占全国外商投资额的 85.45% 这个数字可以看出，东部地区的经济率先实现增长的支撑条件主要源于其固有的优越的自然条件，即地理位置的优势。沿海城市的经济随外资的进入而崛起，带来了相对较好的基本公共服务供给水平。与之对比，环境相对恶劣的省份，如处于中西部的内陆地区，不发达的交通、低程度的对外开放与闭塞的信息，对其经济的发展造成很大程度上的限制，从而导致其对基本公共服务供给的能力受到各方面因素的限

---

① RMB 财经. 在华外商直接投资的结构和分布［EB/OL］. 网易，2020-03-31.

制而难以得到与东部地区相同的发展基础。经济发展与基本公共服务发展的良性互动关系没有很好地构建起来。

地貌不同，人口总量具有差异，影响区域基本公共服务需求规模和需求收集。盆地、平原等地貌，地形平坦、地势起伏较小，生产成本较小，优越的地理区位条件适合人类生产生活，人口密度大，对基本公共服务的需求较大。并且，人口相对集中，有利于政府收集、整理基本公共服务需求，为人民群众提供多样化、个性化的基本公共服务。高原、山地等地貌，海拔高、地势起伏大，人类生产生活成本高，不适宜人类的聚居生活，人口密度小，对基本公共服务需求小。并且，人口相对分散，不利于区域政府收集基本公共服务需求，自下而上影响基本公共服务政策的能力较小。根据《第七次全国人口普查公报》可知，2020 年西藏自治区人口为 365 万人，四川省人口为 8367 万人，人口数量的差异同地形地貌具有密切关系，进而影响基本公共服务需求水平。根据《中国统计年鉴》可知，西藏自治区人口为 365 万人，四川省人口为 8367 万人，人口数量的差异同地形地貌具有密切关系，进而影响基本公共服务需求水平。西藏自治区位于青藏高原，海拔高、氧气含量少、气候寒冷多变，该地区自然条件不适于人口聚集和生产生活，人口密度小，对基本公共服务需求少。四川省处于四川盆地，盆地底部地形平坦、地势起伏小，属亚热带气候，有利于人口聚居和生产生活，生产成本较小，该地区人口密度大，对基本公共服务需求大。

地貌不同，基本公共服务供给和管理成本存在差异，影响区域基本公共服务供给和管理。成本因素是区域基本公共服务供给过程中考虑的最重要因素之一。区域地理位置不同，地形地势不同，基本公共服务供给的难度和成本具有显著的差异。区域政府投入相同的财政资金，由于地形地貌带来的各种差异，最终的基本公共服务产出结果有所不同。平原、盆地等地形较为平坦、地势起伏小，交通、医院等各种基本公共服务设施建设难度小、建设成本低。并且平原、盆地有利于人口、资源等各种生产要素的集聚，有利于促进基本公共服务资源的有效配置、形成规模效应，降低基本公共服务供给和管理的成本。山地、高原等地形，海拔高、地势起伏大，交通等基础设施建设的难度大，建设成本高，设施维护成本高。同时，此类地形人口密度低，人力、资本等生产要素聚集少，存在资源短缺的现象，资源配置效率低，基本公共服务供给成本高。由于地形地势的不同，我国各地区基本公共服务成本，呈现东低西高、带状阶梯分布特征。东部地区地形以平原、丘陵为主，地形平坦、地势起伏小，人力、资本等资源集聚程度高，基本公共服务设施建设和管理成本低，基本公共服务供给规模大，管理难度小。西部地区以山地、高原为主，海拔高、气候低，对基础设施建设的技术要求高，基本公共服务供给成本高，区域基本公共服务供给规模小，管理难度大。根据《中国社会统计年鉴（2020）》，2019 年，中西部地区义务教育学校数量绝对数值差距较大，其中学校总数最多的为河南省，达到了 22720 所中小学，但同时青海省和西藏自治区拥有的中小学数量连 1000 所都不到，分别为 987 所和 922 所。河南省丘陵、平原占地面积广，公共服务设施建设相对容易，建设和管理成本低，并且人口密度大，区域政府对基本公共服务供给较多。青海和西藏处于青藏高原地区，海拔高，人口密度低，公共设施的建设成本和管理成本高，基本公共服务供给相对较少。因此，中西部基本公共服务供给存在差异。

区域地理位置不同，开放程度存在差异，影响区域基本公共服务综合水平。区域开放程度是影响区域合作和经济创新发展的重要因素之一。一般而言，沿海、沿江地区，地理位置优越，通过河运、海运等方式进行对外交流和合作，开放程度高，促进了区域基本公共服务均等化合作和基本公共服务供给能力的提高。内陆地区的区位优势相对于沿海、沿江地区小，地理位置相对封闭，以内陆资源为依托进行发展，开放程度低，不利于区域基本公共服务均等化合作，并且基本公共服务供给能力相对较低。

我国东部沿海、沿江地区，在经济发展过程中，凭借优越的地理位置，积极同国内各地和其他国家开展广泛的合作，推动产业结构的转型升级和优化调整，经济发展新动能较强，为区域基本公共服务供给提供资金、技术等方面的支撑。同时，该地区开放程度高，在经济一体化战略合作的同时，促进了基本公共服务均等化合作，促进了基本公共服务均等化的实施。中西部内陆地区，地理位置相对封闭，部分省份过度依赖当地资源，产业结构单一。随着经济高质量发展要求的提出，部分地区在去产能过程中难度大，缺乏经济发展新动能，经济发展较为滞后，不利于基本公共服务供给水平的提升。

（二）区域内空间集散程度影响基本公共服务布局

区域资源要素集聚程度影响基本公共服务布局密度。随着交通、通信等基础设施的发展，区域间的联系越来越紧密，人口、资本、技术等资源要素逐渐形成了空间集聚。通过资源要素的空间集聚形成规模效应，既促进区域经济的发展和区域政府财政增收，又提高资源配置效率，从而降低基本公共服务供给成本。一般情况下，中小城市、农村地区的人力、资本等资源要素往往流向经济发展较好的大城市，大城市经济要素集聚程度高，资源集聚形成规模经济效应，为区域基本公共服务提供资源供给。小城市资源要素流出较多，存量少，基本公共服务供给所需要的资源要素相对不足，基本公共服务供给成本大。区域基本公共服务供给中，大城市供给规模大、质量高，而小城市、农村地区基本公共服务供给相对较少，质量较低。因此，区域基本公共服务布局存在集聚和分散的两极分化态势。

区域行政规划影响基本公共服务设施服务半径和受益范围。基本公共服务设施依据区域地方政府行政等级和行政区划进行布局，随着区域地方政府撤县设区、撤村并镇等行政方面的安排，基本公共服务设施也会进行撤并和调整。撤县设区、撤村并镇等行政区划调整，行政区规模增加，致使基本公共服务设施的规模和服务半径增大，与中小城市特别是农村地区人口分散、人口密度低的情况矛盾，直接影响区域基本公共服务可及性，制约了基本公共服务的受益范围，使基本公共服务资源共享程度不高。例如，撤村并镇使城镇规模变大，人口规模增加，基本公共服务设施的服务半径不得不扩大，但是地方政府财政能力弱、基本公共服务供给不足，并且乡村人口分布不均、村庄布局散乱，公共设施服务半径以内的居民使用基本公共服务的成本相对较低，而公共设施服务半径以外的居民对基本公共服务的使用成本升高。区域基本公共服务消费支出成本不均等、区域基本公共服务受益范围有限，影响区域基本公共服务均等化的实施，进而拉大区域基本公共服务差距。

区域基本公共服务布局规范程度影响区域基本公共服务均等化。区域政府对医疗、教育等各领域基本公共服务设施没有进行统筹规划，各领域基本公共服务缺乏联系，在空间上较为分散，使区域基本公共服务在空间上功能单一，降低了基本公共服务供给效率和使用效率。区域政府应对各领域基本公共服务设施建设进行统一规划，将各领域基本公共服务进行配套提供，使各领域基本公共服务功能优化组合，为当地居民提供便利的基本公共服务。例如，15分钟生活圈的打造，就是对基本公共服务设施统筹规划的一个典型案例。以15分钟为一个时间标尺，将就业、教育、民生保障、城市治理等方面服务统筹规划，为居民提供多样化、多功能的公共服务。同时，区域基本公共服务设施存在浪费和不足的供需矛盾，区域基本公共服务布局不合理。一方面，部分地区基本公共服务设施重复建设，基本公共服务设施质量差，服务人员水平低、技术较差，居民对公共服务供给参与度不高，基本公共服务设施使用率低，造成基本公共服务浪费；另一方面，区域基本公共服务供给数量和质量难以满足居民的需求，基本公共服务供给不足。区域基本公共服务在空间和内容上的布局影响区域基本公共服务均等化。区域基本公共服务空间上统筹布局、内容上精准供给，有利于提高基本公共服务水平。当区域政府对基本公共服务供给重视数量均等化、轻视质量均等化时，区域基本公共服务设施在空间和内容上的布局将会存在不合理现象。

（三）区域地理资源禀赋影响基本公共服务资源

区域地理资源禀赋是一个地区经济发展方向、政府财政实力的基础。我国地大物博，不同地区的资源禀赋具有较大的差异，从而影响区域经济发展和政府治理能力的发展，进而形成基本公共服务资源差异。

地理资源禀赋差异影响区域基本公共服务资源的供给能力。地理资源禀赋在不同时期对区域基本公共服务资源配置能力的作用不同。基本公共服务资源配置能力由当地经济实力决定。在经济建设早期，我国对能源等自然资源的需求量剧增，自然资源丰裕地区，以资源型工业发展为主，促进当地工业发展，进而促进区域政府增收，政府财政实力强大，区域基本公共服务资源配置能力强。资源禀赋差的地区通过农业的发展或者产业结构的转型升级促进经济的发展，但农业附加值低并且产业转型升级的过程需要长时间的不断推进，经济在短期内增长缓慢，区域政府财政实力弱，基本公共服务资源配置能力低。在经济转型时期，国家开始去产能，对资源的需求量降低。资源丰富的地区由于对资源的过度依赖，传统资源产业转型升级困难，产业结构单一，经济增长较少，政府财政压力加大，对基本公共服务资源配置能力降低。资源禀赋较差的区域在长期的产业结构转型过程中，经济发展水平逐渐提高，经济发展质量提高，区域政府财政实力变强，对基本公共服务资源配置能力增强。

地理资源禀赋差异影响区域基本公共服务资源投资类型。资源丰裕地区对社会性基本公共服务资源的投资意愿低。自然资源丰富地区以资源型工业为主，当地凭借自然资源就能获得经济的高速发展，对劳动力素质、生产技术等方面不够重视。因此，该地区对教育、医疗等社会性基本公共服务资源的资金投入较少，对交通等经济性基本公共服务投资较多。同时，资源型产业的发展对有利于人力资本、科技创新等方面发展的产业具有排挤效应,导致当地社会性基本公共服务资源发展受阻。资源贫瘠地区对社会性基本公共服务资源的投资意愿强烈。资源缺乏地区对资源的依赖度低,通过产业结构转型升级促进经济增长,对教育、医疗等提高人力资本的行业发展十分重视,对其财政投入多,因此,该地区社会性基本公共服务资源较其他的地区多。

资源禀赋差异影响区域基本公共服务配置效率。资源禀赋影响区域政府财政透明度。根据现行财政税收体制,资源税大部分归地方政府所有。资源丰富地区,财源丰富,对中央政府、企业、民众等的收入依赖度低,地方政府财政自主性强。对地方政府来说,财政明细的公开将增加上缴财政税收的可能性。因此,财政收支明细公开较少,在提供基本公共服务供给时,主观色彩浓厚,对国家基本公共服务均等化政策的实施主动性低,对民众基本公共服务供给精准性较差,基本公共服务供给不均衡。自然资源禀赋较差的地区由于产业结构的转型升级,对企业、民众等税收依赖度高,并且当地居民对政府财政收支的公开意愿强烈,因此政府财政透明度高,政府财权受到社会各界的约束和限制。当地政府基本公共服务供给时较为客观,将有限的财政资源投入符合公共利益的领域,对基本公共服务供给积极性较高,基本公共服务供给效率高。资源禀赋差异影响政府对市场的行政干预程度。自然资源丰富地区,政府对资源的配置进行多方面的干预,资源配置权力大,市场参与资源配置的权力较小,在此过程中,地方政府容易出现寻租、腐败问题,不利于基本公共服务资源配置效率的提高。资源禀赋较差地区,市场在资源配置中具有决定性作用,政府对市场化资源配置进行宏观领域的监督和调控。并且,由于长期的产业结构的转型升级,资源禀赋较差地区的市场资源配置能力成熟,政府管理机构发展较为成熟,监督机制发展较为全面,基本公共服务资源配置效率高。

二、区域风俗文化差异影响基本公共服务均等化

(一) 区域文化水平影响区域基本公共服务水平

基本公共服务人员文化水平差异影响基本公共服务供给质量。人力资本是基本公共服务供给中必不可少的条件，劳动者的文化水平是人力资本不可或缺的重要因素之一。区域基本公共服务人员的文化水平高质量发展是当地基本公共服务高质量供给的保证。首先，文化素质较高的政策决策者往往拥有较强的行政动员能力和游说能力，在区域间基本公共服务资源竞争方面能力较强，为基本公共服务政策执行提供良好的政策环境和物质支持。而文化水平相对较差的政策决策者基本公共服务资源的竞争优势较小，致使该地区基本公共服务资源要素相对不足。其次，文化素质较高的基本公共服务政策执行人员对基本公共服务政策能够进行更好的理解和推动，基本公共服务政策执行的精准性和主动性较强。文化素质较差的基本公共服务政策执行人员对基本公共服务政策的理解不够深入，对基本公共服务政策的执行有所欠缺。最后，文化素质较高的基本公共服务专业人员，在教育、医疗等专业领域具有较高的专业知识和技能，能够直接为人民群众提供高质量的专业公共服务。文化素质较差的基本公共服务专业人员在医疗、教育等方面的职业素质和技能相对落后，不能完全满足人民群众的基本公共服务需求，当地居民对基本公共服务利用率低。因此，区域基本公共服务决策者、执行者、专业人员的文化水平差异影响区域基本公共服务供给质量。

区域居民文化水平差异影响基本公共服务需求质量。文化水平影响居民对基本公共服务知识和信息的了解，进而影响居民基本公共服务需求和动机。第一，区域文化水平较高的居民对区域基本公共服务的要求更高。文化水平高的居民，对生活水平的要求高，对基本公共服务质量的要求高，基本公共服务需求多样化、差异化明显。第二，区域文化水平高的居

民对基本公共服务需求的表达能力更强。基本公共服务需求表达是个体或者团体将自己对基本公共服务的需求通过一定的渠道、选择一定的方式表达出来，并被外界注意的一种过程。区域文化水平高的居民能够充分认识到自己具有选择基本公共服务的正当权利，同时对基本公共服务相关信息具有相对全面、系统的了解，能够通过多种有效渠道表达个人的基本公共服务需求。文化水平较差的居民对人民民主权利认识不足，对基本公共服务相关信息了解不充分，个人的需求表达方式受限，因而在一定程度上被动接受基本公共服务。

区域文化环境差异影响区域居民对文化的重视程度，进而导致基本公共服务区域差异。优质的文化环境有利于增强居民对文化培养的重视程度，进而影响区域对基本公共服务的投入。一个区域拥有良好的文化环境和文化氛围，政府和居民对自身文化培养都比较重视，因而拥有较多的政府财政投入和私人资本的投资，有利于文化事业和文化产业等方面的迅速发展，进而提高基本公共服务供给规模和质量。同时，文化的培养能够提高当地的人力资本水平，从而提高当地基本公共服务的供给和需求质量，进一步推进基本公共服务的发展。区域文化环境较差，无法形成良好的文化氛围，当地政府和居民对自身文化教育不够重视，直接影响政府对基本公共文化服务的财政支出，不利于基本公共服务水平的提高。并且文化环境较差的区域由于对教育不够重视，当地劳动力水平较低，无法为基本公共服务提供高质量的专业人才，当地居民对基本公共服务的需求层次较低。我国东部地区由于经济发展的需要，对当地文化发展格外重视，其中教育质量在全国范围内名列前茅，当地政府和居民对教育的资金投入量大，基本公共文化服务的规模大且质量高，当地具有高质量的人力资本。中西部地区由于早期发展的农业和工业较为粗放，对劳动力质量要求较低，因而中西部地区对文化培养的时间较东部地区晚，对文化的重视程度较东部地区低，教育质量相对落后，该地区的基本公共文化服务的规模和质量相对较差。因此，区域文化环境影响当地居民对文化的重视程度，从而形成基本公共服务水平差异。

（二）区域文化认同影响区域基本公共服务参与度

区域文化认同是个人在区域文化背景下产生的生理、心理、认知等方面的反应。区域内居民通过对文化的比较、思考、选择，增强个人对区域文化的自信，形成一种统一的心理态势，进而增强了区域内居民对基本公共服务建设的积极性和主动性，提高区域居民基本公共服务的参与度。随着信息网络的发展和人口的流动，区域外的文化介入区域内主流文化，区域间文化产生碰撞和冲突。文化间的融合是一个漫长的过程，在这个过程中，区域居民形成文化分割，不利于价值观念的融合，从而影响区域基本公共服务均等化政策的实施，造成基本公共服务的区域差异。

区域文化认同影响居民对基本公共服务的参与度。区域文化认同更多的是一种文化共同体的构建，人们基于血缘、地缘等关系在一定地域内互相帮助、共同生活，进而形成一种个体对该共同体的依赖和认同。这种文化认同感也是对自我的一种身份认同，进而增强个体对区域治理的主体意识，积极承担责任，提高区域基本公共服务居民参与度。区域居民通过基本公共服务需求表达、公共服务消费、公共服务反馈等方式，为区域基本公共服务提供精准化的需求导向，为基本公共服务提供有效的运行经费，有利于区域基本公共服务水平的提高。当个体对其所在区域的文化认同度低时，个体对区域文化持否定和怀疑态度，个体对区域基本公共服务呈现消极态势，不利于区域基本公共服务参与度的提高。基本公共服务需求表达机制受阻，区域政府无法通过需求导向为区域居民提供多样化、个性化的基本公共服务，而自上而下的政府主导基本公共服务供给对居民的需求识别难度较高，不利于区域基本公共服务水平的提升。

区域文化价值观受到经济发展的冲击，区域文化认同构建面临困境，影响区域基本公共服务参与度。所谓文化价值观主要指一种外显或内隐的有关什么是"值得的"的看法，它是区分不同个体或群体差异的显著特征，能够影响人们对行为方式、手段与目标的选择。不同区域在历史发展过程中形成不同的文化价值观，影响着区域内人们的思维方式和价值选择，影响着区域内人们对基本公共服务的选择和评价，进而形成基本公共服务区域差异。随着经济的不断发展，多元价值观对区域文化价值观造成冲击，影响区域文化认同，使区域基本公共服务政策的实施和推进受阻。人们在自我发展过程中受经济发展和理性选择的影响，从经济自利的角度选择能够获取个人利益最大化的发展方式。但是这种理性自利的价值观念在一定程度上是以自我利益为中心的，对于构建统一的文化认同具有巨大的破坏力。区域内的人们只关心自己享受到的基本公共服务，认为基本公共服务是政府的职责，对区域基本公共服务的完善和发展漠不关心，从而降低区域基本公共服务参与度，不利于基本公共服务的需求表达和反馈。

不同区域由于文化上的差异，对基本公共服务的判断和选择不同，区域间在基本公共服务均等化合作时，文化上的不同影响区域间的相互信任，从而造成区域基本公共服务合作上的冲突，不利于区域基本公共服务均等化。同时，跨区域人口流动容易产生流动人口的文化与当地主流文化的碰撞与冲突，流动人口将自己局限于血缘、地缘等关系网络，形成一种有别于主流文化的亚文化圈，并且主流文化对外来文化容易产生排斥，不利于区域内文化的融合，不利于区域社会的融合，区域文化认同感低，进而成为区域基本公共服务均等化的障碍。因此，由地缘关系产生的文化割裂不利于区域基本公共服务均等化。

（三）区域风俗习惯影响基本公共服务类型

区域风俗习惯影响着民众的价值观念和行为准则。区域的民族文化、传统观念、历史遗迹等作为区域风俗习惯的一部分，对区域基本公共服务需求和供给具有重要影响。

民族分布特点影响基本公共服务供给。中华民族的分布具有大杂居、小聚居、交错分布的特点。总体而言，汉族分布较为集中，少数民族地区分布较为分散。人口分布集中地区有利于各种资源要素的积累和集聚，为基本公共服务供给提供资源要素，基本公共服务规模较大。并且人口集中有利于基本公共服务需求的收集和整理，基本公共服务供给多样化、个性化。人口分布较为散乱的地区，政府基本公共服务规划难度高，基本公共服务供给成本大，供给规模小。此外，由于人口较为分散，少数民族对外交往存在差异，需求表达具有封闭性，政府基本公共服务需求收集难度加大，基本公共服务供给较为简单。云南省少数民族聚居较多，人口分布较为分散，各个少数民族聚居地点分散、规模较小，地方政府提供的基本公共服务的服务半径大，基本公共服务供给成本高。如教育领域，由于人口居住地较为分散，为了创造良好的上学环境，大多实行寄宿制教育，进而增加了教育设施建设成本。并且学校的人员管理、住宿等公共服务费用增加，提高了基本公共服务供给的成本。这对于财政基础较弱的地区而言，增加了政府财政压力。

不同民族由于历史文化不同对基本公共服务需求类型存在差异。少数民族地区，思想观念较为传统，经济发展较为落后，并且少数民族宗教文化浓厚，因此该地区对基础公共服务需求较大。

传统观念会造成区域基本公共服务类型单一化。传统权威和官本位思想影响区域基本公共服务需求表达。文化素质较低的民众对民主权利了解不足，受传统权威和官本位等传统观念的影响较大，即使基本公共服务供给不能满足自我的需求，但是害怕受到惩罚，对基本公共服务需求表达采取回避措施，对基本公共服务需求采取不表达或者少表达等消极方式，不利于基本公共服务类型的多样化供给。政府对居民的基本公共服务需求无法进行有效、精准的识别定位，基本公共服务类型单一化。传统观念影响区域居民基本公共服务需求层次，进而影响基本公共服务类型。受传统观念影响较大的群体多为弱势群体，由于生活水平的限制，只考虑当前的利益和需求，对长远的利益考虑不当，对基本公共服务需求层次低，造成基本公共服务类型单一化。例如，在养老保险领域，投保人员自愿投保，但一些人受养儿防老等传统观念的影响，注重当前的利益和需求，对养老保险的投保率低，对养老领域基本公共服务需求低。因此，传统观念影响群众的需求表达和需求层次，使基本公共服务需求单一，最终造成基本公共服务类型单一。

传统历史遗迹影响区域基本公共服务类型。历史遗迹是区域文化发展的重要资源，历史遗迹丰富的地区具有文化优势，通过文化遗迹的创新发展，打造城市的历史文化名片，进而带动当地其他领域的发展。因而，历史文化遗迹丰富的地区发展基本公共文化服务的意愿强烈。当地对标志性建筑或特色文化进行文化创新，将其发展为具有本地区特色的文化标签，促进当地经济和文化的发展，进而有利于教育、文化等社会性基本公共服务类型的发展。历史遗迹较少的区域无法形成历史文化名片，对历史遗迹的发展不够重视，本地的文化自觉和文化自信意识较弱，对文化发展不够重视，使当地基本公共文化服务的建设明显落后于历史遗迹较为丰富地区，进而拉大地区间基本公共文化服务的差距，对其他领域的基本公共服务造成影响，不利于区域基本公共服务均等化的发展。

三、区域人口流动程度影响基本公共服务均等化

(一) 区域人口流动影响基本公共服务财政支出

人口流动使人口流入地区和人口流出地区的人口规模、人口年龄结构发生变化。区域政府依据当地人口变化适时调整基本公共服务财政支出规模和支出结构，为当地人民提供普惠性、优质化的基本公共服务。不同地区由于经济发展、基本公共服务资源等方面的差异，对人口的吸引力不同，进而影响区域人口流动的规模和结构。同时人口规模和结构的差异性会使当地政府的基本公共服务管理和运营成本产生变化。

区域人口流动影响基本公共服务财政支出规模差异。区域基本公共服务财政支出规模以当地人口规模为基本依据，人口规模较大的地区对基本公共服务需求量大，基本公共服务财政支出规模大；反之，区域基本公共服务财政支出规模较小。就人口流入地而言，人口流入可以为当地提供充足的劳动力，促进当地经济的发展和政府财政的增收，从而扩大基本公共服务财政支出规模。同时，人口流入会挤占当地居民基本公共服务资源，容易造成群体间冲突和矛盾。为缓解本地基本公共服务资源拥挤效应，当地政府不得不增加基本公共服务财政支出规模，为当地居民提供充足的基本公共服务。就人口流出区域而言，大量劳动力的迁移和流出使当地人力资本流失，劳动力不足，不利于当地经济的发展和政府财政增收，从而减少基本公共服务财政支出规模。同时，当地人口的流出，基本公共服务需求减少，区域政府进而减少财政支出规模。根据《中国人口流动发展报告》数据可知，2015 年中、东、西部三大区域流动人口吸纳比例中，东部地区占 54.8%，中部地区占 21.7%，西部地区占 23.5%。东部地区吸纳的流动人口占全部流动人口的一半以上，是人口流入地区，人口规模大，对基本公共服务需求量大，因此当地基本公共服务财政支出规模较大。而中西部地区吸纳的流动人口较少，人口流出量大，对基本公共服务需求降低，区域基本公共服务财政支出规模较小。

区域人口流动影响基本公共服务财政支出结构。区域人口流动影响区域人口年龄结构，进而对区域基本公共服务财政支出结构造成影响。我国流动人口以青壮年劳动人口为主，人口的流动会造成人口年龄结构的变化，进而影响基本公共服务需求结构和供给结构，对政府财政支出结构具有重大影响。就人口流入地而言，人口流动可以为当地提供充足劳动力，提高青壮年人口比重，进而缓解当地人口老龄化。同时，劳动人口子女随迁，对流入地的教育等基本公共服务的需求增加，进而使当地教育相关的基本公共服务资源的供给增加，政府基本公共服务财政支出结构较合理、均衡。对人口流出地区而言，在人口自然增长率降低的背景下，由于大量劳动人口的流出，人口老龄化问题加重，与学龄人口教育相关的基本公共服务资源需求减少，与养老领域相关的基本公共服务需求增大，使当地基本公共服务财政支出中养老领域比重增加，基本公共服务财政支出结构均衡程度降低。政府人才争夺引发的人口流动对区域基本公共服务财政支出结构具有影响。近年来，我国区域间为促进本地区经济社会的发展，对高素质人才进行引进和培养。而高素质人才对教育、科技等方面的基本公共服务资源格外重视，区域政府为增强本地的竞争力，对当地教育、科技、民生保障等领域的基本公共服务进行投资和发展，进而增加当地教育、科技等方面的基本公共服务财政支出。同时，拥有高素质人才的地区经济高质量发展，拥有雄厚的资金进行人才培养和积累，进一步增加教育等方面的基本公共服务财政支出比重。经济发展较为滞后的地区，教育、科技、医疗等方面的基本公共服务水平低于经济发达地区，人才流失严重，高素质人才引进困难，致使当地经济增速较为缓慢，政府财政实力弱，对交通设施等基础性基本公共服务供给偏好增强，而教育、科技领域的基本公共服务投资占基本公共服务总投资比重小。

区域人口流动影响基本公共服务财政支出效率。人口流动使区域人口规模变化，进而影响区域政府治理和基本公共服务管理的难度和成本。对人口流入地区而言，人口的大量流入，人口规模增加，对当地教育、医疗、交通设施等基本公共服务造成一定的压力，政府投入相同的基本公共服务财政支出所获得的效果降低，政府基本公共服务财政支出效率降低。对人口流出地而言，人口的大量流失致使本地区人口规模减小，人口密度降低，对当地基本公共服务需求下降，进而缓解教育、医疗、交通设施等基本公共服务的压力，相同的基本公共服务财政支出能够为当地居民提供更多的基本公共服务资源，基本公共服务财政支出效率提高。区域人口流动影响区域治理的成本，进而影响区域基本公共服务财政支出效率。根据

《中国流动人口发展报告》相关数据显示，我国流动人口的受教育程度初中学历仍然占据绝对主体，文化素质相对较低，收入不稳定，收入较低，在生活和心理健康方面压力大。部分流动人口容易对当地公共安全造成威胁，并且流动人口的管理成本较高，增加当地政府的管理成本。就人口流入地而言，区域政府公共安全领域的基本公共服务财政支出规模和成本加大，相应地压缩了其他领域基本公共服务的财政支出，区域基本公共服务财政支出效率降低。因此，人口流动影响区域基本公共服务管理成本，进而对区域基本公共服务财政支出效率造成影响。

（二）区域人口流动影响基本公共服务供需总量

我国经济发展由高速度发展转向高质量发展阶段，人民不再满足于基本的生存需要，对更高层次的消费需求增加。同时，我国逐步进行供给侧结构性改革，通过供给端的发展来应对民众的消费需求，从而以消费拉动经济增长。然而，基本公共服务均等化供需仍然存在矛盾，不利于经济均衡发展。

区域人口流动影响基本公共服务数量供需矛盾的形成。我国基本公共服务均等化政策的实施是以普惠性、优质化为目标进行发展的。由于地区之间、城乡之间经济差异，基本公共服务数量差异也比较明显。基本公共服务供给使地区、城乡居民基本能够在机会上享受到基本公共服务均等。但由于地区、城乡之间人口存在流动性，人口流入地区随着流动人口的不断增加，对基本公共服务需求增加，基本公共服务供给不足，存在拥挤现象。但同时人口流出地区人口的大量流失，对基本公共服务的需求降低，基本公共服务供给过剩，基本公共服务资源闲置浪费。因此，数量上的供需矛盾可能造成一部分资源闲置，降低了基本公共服务资源利用效率。东北地区早期作为资源型工业城市，随着经济发展的转型升级，陷入老工业基地衰退的困境中，经济发展较为滞后，人口流失严重，当地交通、教育等基本公共服务资源闲置、浪费严重。长三角、京津冀等经济发达地区，是我国人口净流入区，人口流入量大，对区域基本公共服务需求增加。如果当地基本公共服务财政支出不变，流入人口基本公共服务需求将挤占本地区居民的公共资源，使区域基本公共服务供给难以满足当地居民的需求，形成供需矛盾。

周期性的人口流动导致区域基本公共服务数量供需矛盾。流动人口是由户籍地到其他地区居住的人口。由于各种政策和传统观念的限制，流动人口具有周期性的特点，即流动人口只是暂居在当前居住地，在春节等放假、探亲时期返回户籍地。人口流入地区，当地增加基本公共服务供给缓解本地基本公共服务压力。但是，在春节等时间段，流动人口返回户籍地，致使当地基本公共服务需求降低，当地基本公共服务资源存在闲置现象，造成基本公共服务资源的浪费。人口流出地区，当地居住人口减少，基本公共服务需求量小，区域基本公共服务供给规模小。当流动人口返回户籍地时，人口的大量回流对当地交通等基本公共服务设施造成巨大压力，基本公共服务存在拥挤和不足现象。因此，区域人口的往返流动导致区域间基本公共服务供给无法有效规划和统筹，致使人口流入区和人口流出区基本公共服务数量供需矛盾。

（三）区域人口流动影响基本公共服务供需质量

基本公共服务供给质量不仅与当地经济实力相关，还同当地居民对基本公共服务质量的要求相联系。当地居民对基本公共服务质量的要求高，通过自下而上的需求导向，进而倒逼区域政府提升基本公共服务供给质量。人口流入地区经济发展好，当地居民收入水平较高，对优质的基本公共服务需求高，区域为满足当地居民的基本公共服务需要，进而提升基本公共服务质量。人口流出区，经济发展较滞后，当地常住人口较少，对基本公共服务的质量要求较经济发达地区低，当地基本公共服务供给质量相对较差。流动人口是一个地区经济发展状况的反映，经济发展好，对外来人口的吸引力强，人口流入量大，当地基本公共服务规模扩大的同时对基本公共服务质量更加重视，拉动流入地区基本公共服务水平的提升。经济发展较差，人才吸引力差，人口大量流失，对当地优质的基本公共服务需求减少，当地基本公共服务供给质量提速较慢。由此，人口流动拉大基本公共服务区域差异。

区域人口流动虽然在一定程度上有利于人口流入地区基本公共服务质量的提升，但也对基本公共服务质量带来更大的挑战，进而使基本公共服务在质量上的供需矛盾更加凸显。第一，人口的流入，增加了当地政府基本公共服务财政压力，人均基本公共服务财政支出减少，个人享受的基本公共服务质量下降。第二，我国基本公共服务以千人指标作为基本公共服务配置标准，有利于区域基本公共服务的规划和供给，进而促进基本公共服务均等化的实施。但是，随着经济的不断发展和人口的不断流动，人口流入地区中不同群体对基本公共服务需求呈现差异化、多样化态势。例如，流入人口中青壮年等优质人才对教育、科技等基本公共服务质量的需求高，学龄群体的流入对当地的教育基本公共服务质量要求高。并且城市发展分为不同的功能区，不同区位具有不同的基本公共服务需求。仅以单一的千人指标作为基本公共服务配置标准而不变化调整，将使当地居民的高质量基本公共服务需求无法得到满足。长三角地区中，上海作为人口流入区，拥有较大数量优质人才的流入，人力资本丰富，居民收入和消费水平高、受教育程度较高，对当地教育、科技等基本公共服务质量要求高。相对于人口流出区的安徽省，上海居民除了对基本公共服务设施的数量和规模要求高以外，更看重基本公共服务质量的提升，对当地基本公共服务质量需求高。如果仅仅以千人指标作为基本公共服务配置标准对上海、安徽等地进行统一的基本公共服务供给，不注重各群体的具体基本公共服务需求，将使当地基本公共服务需求和供给错位，既无法满足当地居民基本公共服务质量需求，又使基本公共服务资源无法得到有效利用。第三，人口流入地政府作为流入人口基本公共服务供给的主体承担者，对流入人口基本公共服务供给具有政策偏好，使流入人口享受的基本公共服务质量下降。区域政府为劳动人口提供基本公共服务，对没有劳动能力人口的基本公共服务提供较少。并且在提供基本公共服务供给时倾向于提供能够带来收入的公共服务，例如社保，通过流动人口参保为当地带来财政收入。而对于义务教育等基本公共服务提供较少，使流入人口无法得到优质的、普惠性的基本公共服务，区域内基本公共服务存在差距。

第八章

河北省基本公共服务均等化水平影响因素实证分析

河北省基本公共服务均等化水平各市差距比较大，河北省基本公共服务均等化水平受哪些因素影响，是否存在空间关联效应，这都需要我们进行分析，以期为河北省基本公共服务均等化提供政策依据。

第一节　影响因素定性分析

根据基本公共服务内涵和对相关研究文献的梳理，我们认为河北省基本公共服务均等化水平影响因素有如下几个方面。

1. 经济发展水平。经济发展水平是影响基本公共服务的基础因素。经济发展水平高的地区，政府提供基本公共服务的能力就越强。考虑人口因素，经济发展水平我们用人均 GDP 来衡量，指标缩写为 pgdp。

2. 政府财政支出水平。政府财政支出水平是影响基本公共服务的关键因素。政府财政支出水平的高低直接决定着各市基本公共服务的供给水平。考虑人口因素，政府财政支出水平用人均一般公共预算支出来衡量，指标缩写为 pfe。

3. 政府财政支出偏好。政府财政支出水平是影响基本公共服务的总量指标，而政府财政支出偏好则是影响基本公共服务的结构因素。因为政府财政支出项目很多，用于基本公共服务方面的支出占比，直接影响各市基本公共服务的水平。基本公共服务方面支出占比越高，基本公共服务水平越高。政府财政支出偏好用一般公共服务支出占一般预算支出的比重来衡量，指标缩写为 psr。

4. 人口规模。人口规模也是影响基本公共服务的重要因素。人口规模对基本公共服务的影响有规模效应和效率效应。人口规模大，一方面，有利于基本公共服务集中提供，规模效应更强；另一个方面，有利于提升基本服务的利用率，效率效应更大。人口规模采用常住人口数来衡量，指标缩写为 pop。

5. 城镇化水平。城镇化水平的提高有利于推动基本公共服务的提升。一方面，城镇化水平高，基本公共服务需要也高；另一方面，城镇化水平高，人口集聚，会一定程度降低基本公共服务的供给成本。城镇化水平用城镇人口占总人口的比重来衡量，指标缩写为 urb。

6. 人口老龄化。人口老龄化会影响基本公共服务的需求和供给。原因在于，一方面人口老龄化，导致基本公共服务需求增长；另一方面人口老龄化导致劳动人口减少，影响各市经济增长和税收增加。人口老龄化采用老年人口抚养比来衡量，指标缩写为 old。

7. 对外开放程度。对外开放，特别是利用外资，有利于各市经济发展，提升基本公共服务均等化水平。对外开放程度选用实际利用外资额进行衡量，指标缩写为 afc。

8. 政府财政规模。政府财政规模也是影响各市基本公共服务均等化水平的重要因素。政府财政规模越大，基本公共服务均等化水平也有可能越高。政府财政规模选用一般公共预算支出占 GDP 比重来衡量，指标缩写为 gbr。

9. 产业经济结构。产业经济结构反映了各市经济发展水平，也会影响基本公共服务均等化水平。产业经济结构选用第三产业增加值占国内生产总值的比值来衡量，指标缩写为 isr。

除此之外，还有一些制度、文化等方面的因素对基本公共服务均等化水平产生影响，但这些指标难以量化，数据难以获取，暂时没有纳入影响因素。

第二节 空间检验与模型设定

京津冀协同发展背景下，河北省各市经济活动空间效应越来越大，各市基本公共服务也有可能存在空间溢出效应。因此我们需要对河北省各市基本公共服务是否空间自相关进行检验，并由此确定最终模型。

一、空间自相关检验

本书通过计算河北省基本公共服务均等化水平的 Moran's I 指数进行空间自相关检验。Moran's I 指数的取值范围在-1 到 1 之间，Moran's I 指数取正值代表空间正相关；取负值代表空间负相关；Moran's I 指数为 0，则代表空间不相关。利用 GeoDa 软件根据 2021 年河北省基本公共服务均等化水平，计算得到 2021 年的 Moran's I 指数值，如图 8-1 所示。

图 8-1 显示，2020 年的 Moran's I 指数值为 0.528926，表明河北省各地市基本公共服务均等化水平存在显著的空间正相关性，应采用空间计量模型，对基本公共服务的影响因素进行分析。

二、模型设定

根据前面影响因素分析和空间自相关建议，我们建立 2021 年河北省基本公共服务均等化水平影响因素的空间截面基本模型如下：

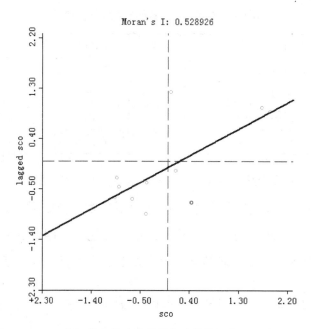

图 8-1　2021 年河北省基本公共服务均等化水平 Moran's I 指数

$$\mathrm{sco}_i = \beta_1 \mathrm{pgdp}_i + \beta_2 \mathrm{pfe}_i + \beta_3 \mathrm{psr}_i + \beta_4 \mathrm{pop}_i + \beta_5 \mathrm{urb}_i + \beta_6 \mathrm{old}_i + \beta_7 \mathrm{afc} + \beta_8 \mathrm{gbr} + \beta_9 \mathrm{isr} + \varepsilon_i$$

其中，sco 表示河北省各市基本公共服务均等化水平综合得分，pgdp 表示河北省各市人均 GDP，pfe 表示河北省各市人均一般公共预算支出，psr 表示一般公共服务支出占一般预算支出的比重，pop 表示河北省各市人口规模，urb 表示河北省各市城镇化率，old 表示河北省各市老年人口抚养比，afc 表示河北省各市实际利用外资额，gbr 表示河北省各市一般公共预算支出占 GDP 比重，isr 表示河北省各市第三产业占地区生产总值的比重。

为了确定空间截面模型的具体类型，我们需要对上述空间截面基本模型进行 LM 检验和稳健的 LM 检验。检验结果见表 8-1。

表 8-1　LM 检验和稳健的 LM 检验结果

TEST	MI/DF	VALUE	PROB
Lagrange Multiplier（lag）	1	7.0332	0.00800
Robust LM（lag）	1	11.0000	0.00091
Lagrange Multiplier（error）	1	0.3705	0.54273
Robust LM（error）	1	4.3373	0.03729

根据表 8-1 检验结果可知，LM 空间滞后检验统计量在 0.05 的显著性水平下显著，而 LM 空间误差检验统计量不显著，稳健 LM 空间滞后检验统计量也比稳健 LM 空间误差检验统计量更加显著。因此我们选择空间滞后模型。综合考虑上述检验结果，设定如下空间截面滞后模型：

$$\mathrm{sco}_i = \rho \sum_j^n w_{ij}\,\mathrm{sco}_i + \beta_1\,\mathrm{pgdp}_i + \beta_2\,\mathrm{pfe}_i + \beta_3\,\mathrm{psr}_i + \beta_4\,\mathrm{pop}_i + \beta_5\,\mathrm{urb}_i + \beta_6\,\mathrm{old}_i$$
$$+ \beta_7\,\mathrm{afc}_i + \beta_8\,\mathrm{gbr}_i + \beta_9\,\mathrm{isr}_i + \varepsilon_i$$

其中，ρ 为空间自回归系数，w_{ij} 为空间权重矩阵。

第三节　模型建立与选择

我们首先建立经典回归模型进行分析，然后基于两种空间权重构建空间滞后模型分析。两种空间权重分别是邻接空间权重和距离空间权重。最后结合模型选择标准，选择最终的模型。

一、经典回归模型

我们利用 GeoDa 软件，建立河北省基本公共服务均等化水平影响因素经典回归模型，结果如表 8-2 和 8-3。

表 8-2　经典回归模型结果

SUMMARY OF OUTPUT: ORDINARY LEAST SQUARES ESTIMATION

Data set	:	hebei2021			
Dependent Variable	:	sco	Number of Observations :		11
Mean dependent var	:	41. 3648	Number of Variables	:	10
S. D. dependent var	:	9. 04563	Degrees of Freedom	:	1
R-squared	:	0. 957370	F-statistic	:	2. 49529
Adjusted R-squared	:	0. 573699	Prob（F-statistic）	:	0. 457552
Sum squared residual	:	38. 3696	Log likelihood	:	−22. 4799
Sigma-square	:	38. 3696	Akaike info criterion	:	64. 9597
S. E. of regression	:	6. 19432	Schwarz criterion	:	68. 9387
Sigma-square ML	:	3. 48815			
S. E of regression ML	:	1. 86766			

Variable	Coefficient	Std. Error	t-Statistic	Probability
CONSTANT	64. 2396	80. 1074	0. 801918	0. 56970
pgdp	−0. 000914716	0. 000837358	−1. 09238	0. 47191
pfe	0. 00819837	0. 00915296	0. 895707	0. 53499
psr	−2. 86549	3. 39032	−0. 845198	0. 55328
pop	−0. 0108218	0. 0154955	−0. 698381	0. 61189
urb	−0. 547915	3. 04308	−0. 180053	0. 88659
old	1. 84395	1. 20411	1. 53137	0. 36828
afc	0. 000260492	0. 00036305	0. 717512	0. 60378
gpbr	−1. 76389	2. 08607	−0. 845558	0. 55315
isr	−0. 418988	0. 701318	−0. 59743	0. 65716

表 8-3　经典回归模型检验结果

REGRESSION DIAGNOSTICS
MULTICOLLINEARITY CONDITION NUMBER　371. 163206
TEST ON NORMALITY OF ERRORS

TEST	DF	VALUE	PROB
Jarque-Bera	2	0. 8489	0. 65412

DIAGNOSTICS FOR HETEROSKEDASTICITY
RANDOM COEFFICIENTS

TEST	DF	VALUE	PROB
Breusch-Pagan test	9	5. 3557	0. 80227
Koenker-Bassett test	9	10. 4645	0. 31420

根据经典回归模型结果表 8-2 我们知道，虽然 R2 很高，但是 F 统计量的 P 值（0.457552）很大，说明这些影响因素整体上对河北省基本公共服务均等化水平没有影响，而且每个影响因素的 P 值都很大，说明每个影响因素均对河北省基本公共服务均等化没有影响。

根据表 8-3 检验结果可知，多重共线数目（MULTICOLLINEARITY CONDITION NUMBER）为 371.163206，明显大于 30，说明存在着严重的多重共线。误差正态性 Jarque-Bera 检验统计量为 0.8489，对应的 P 值为 0.65412，说明我们不拒绝误差正态性的假设。异方差检验 Breusch-Pagan test 和 Koenker-Bassett test 的统计量对应的 P 值都很大，说明模型不存在异方差。

二、邻接空间权重空间滞后模型

我们利用 GeoDa 软件，建立河北省基本公共服务均等化水平影响因素邻接空间权重空间滞后模型，结果如表 8-4 和 8-5。

根据邻接空间权重空间滞后模型结果表 8-4 我们知道，所有影响因素的 P 值为 0，表明这些因素对河北省基本公共服务均等化有显著影响。

根据邻接空间权重空间滞后模型检验结果表 8-5 可知，异方差检验 Breusch-Pagan test 的统计量为 0.266，对应的 P 值为 1.0000，说明模型不存在异方差。空间自回归系数渐进性检验 Likelihood Ratio Test 统计量为 522.4003 ，对应的 P 值为 0.00000，说明空间回归系数存在强显著性。

表8-4 邻接空间权重空间滞后模型结果

SUMMARY OF OUTPUT: SPATIAL LAG MODEL - MAXIMUM LIKELIHOOD ESTIMATION

Data set	: hebei2021				
Spatial Weight	: hebei2021Qw				
Dependent Variable	: sco	Number of Observations	:	11	
Mean dependent var	:	41. 3648	Number of Variables :	11	
S. D. dependent var	:	9. 04563	Degrees of Freedom :	0	
Lagcoeff. (Rho)	:	0. 651905			
R-squared	:	1. 000000	Log likelihood	:	238. 72
Sq. Correlation	: -Akaike info criterion			:	-455. 441
Sigma-square	: 6. 71923e-021	Schwarzcriterion	:	-451. 064	
S. E of regression	: 8. 19709e-011				

Variable	Coefficient	Std. Error	z-value	Probability
W_ sco	0. 651905	8. 62682e-012	7. 55673e+010	0. 00000
CONSTANT	−17. 8802	1. 51813e-009	−1. 17778e+010	0. 00000
pgdp	−0. 000440437	1. 27349e-014	−3. 45849e+010	0. 00000
pfe	0. 00301185	1. 39218e-013	2. 16341e+010	0. 00000
psr	−0. 632762	5. 372e-011	−1. 17789e+010	0. 00000
pop	0. 000224619	2. 51826e-013	8. 9196e+008	0. 00000
urb	0. 345395	4. 19691e-011	8. 22974e+009	0. 00000
old	1. 33269	1. 73112e-011	7. 69847e+010	0. 00000
afc	0. 000113756	5. 1819e-015	2. 19526e+010	0. 00000
gpbr	−1. 12268	2. 888e-011	−3. 8874e+010	0. 00000
isr	−0. 174908	9. 82671e-012	−1. 77993e+010	0. 00000

表8-5 邻接空间权重空间滞后模型检验结果

REGRESSION DIAGNOSTICS
DIAGNOSTICS FOR HETEROSKEDASTICITY
RANDOM COEFFICIENTS

TEST	DF	VALUE	PROB
Breusch-Pagan test	9	0. 2666	1. 00000

DIAGNOSTICS FOR SPATIAL DEPENDENCE
SPATIAL LAG DEPENDENCE FOR WEIGHT MATRIX : hebei2021Qw

TEST	DF	VALUE	PROB
Likelihood Ratio Test	1	522. 4003	0. 00000

三、距离空间权重空间滞后模型

我们利用 GeoDa 软件，建立河北省基本公共服务均等化水平影响因素距离空间权重空间滞后模型，结果如表 8-6 和 8-7。

根据距离空间权重空间滞后模型结果表 8-6 知，所有影响因素 P 值为 0，表明这些因素对河北省基本公共服务均等化有显著影响。

表 8-6　距离空间权重空间滞后模型结果

SUMMARY OF OUTPUT: SPATIAL LAG MODEL – MAXIMUM LIKELIHOOD ESTIMATION

Data set	: hebei2021			
Spatial Weight	: hebei2021Dw			
Dependent Variable	: sco	Number of Observations :	11	
Mean dependent var	: 41.3648	Number of Variables :	11	
S. D. dependent var	: 9.04563	Degrees of Freedom :	0	
Lagcoeff. （Rho）	: −0.6089			
R-squared	: 1.000000	Log likelihood :	233.335	
Sq. Correlation	: −	Akaike info criterion :	−444.67	
Sigma-square	: 1.89625e−020	Schwarz criterion :	−440.293	
S. E of regression	: 1.37704e−010			

Variable	Coefficient	Std. Error	z-value	Probability
W_ sco	−0.6089	1.35363e−011	−4.49827e+010	0.00000
CONSTANT	59.6101	1.78382e−009	3.34171e+010	0.00000
pgdp	−0.000541823	2.03775e−014	−2.65893e+010	0.00000
pfe	0.00308811	2.33043e−013	1.32513e+010	0.00000
psr	−3.04164	7.5471e−011	−4.03021e+010	0.00000
pop	−0.0159898	3.63131e−013	−4.40332e+010	0.00000
urb	0.689423	7.30285e−011	9.44046e+009	0.00000
old	2.0609	2.71994e−011	7.57702e+010	0.00000
afc	0.000134983	8.53955e−015	1.58068e+010	0.00000
gpbr	−1.41232	4.70288e−011	−3.0031e+010	0.00000
isr	−0.558963	1.58983e−011	−3.51586e+010	0.00000

表8-7 距离空间权重空间滞后模型检验结果

REGRESSION DIAGNOSTICS			
DIAGNOSTICS FOR HETEROSKEDASTICITY			
RANDOM COEFFICIENTS			
TEST	DF	VALUE	PROB
Breusch-Pagan test	9	0.2823	1.00000
DIAGNOSTICS FOR SPATIAL DEPENDENCE			
SPATIAL LAG DEPENDENCE FOR WEIGHT MATRIX : hebei2021Dw			
TEST	DF	VALUE	PROB
Likelihood Ratio Test	1	511.6299	0.00000

根据距离空间权重空间滞后模型检验结果表8-7知，异方差检验 Breusch-Pagan test 的统计量为0.2823，对应的P值为1.0000，说明模型不存在异方差。空间自回归系数渐进性检验 Likelihood Ratio Test 统计量为511.6299，对应的P值为0.0000，说明空间回归系数存在强显著性。

四、最终模型选择

由于空间滞后模型的R2是伪R2，对数似然值、AIC和SC是判断模型优劣比较合适的统计量，对数似然值越大，AIC和SC统计量越小，模型越能很好地拟合。

表8-8 三个模型统计量对比

统计量	经典回归模型	邻接空间权重空间滞后模型	距离空间权重空间滞后模型
R2	0.957370	1.000000	1.000000
对数似然值	-22.4799	238.72	233.335
AIC	64.9597	-455.441	-444.67
SC	68.9387	-451.064	-440.293

根据三个模型的回归结果，三个模型统计量对比见表8-8。根据表8-8可知，邻接空间权重空间滞后模型的对数似然值最大（238.72>233.335>-22.4799），AIC最小（-455.441<-444.67<64.9597）和SC统

计量最小（−451.064＜−440.293＜68.9387），因此我们最终选择以邻接空间权重为基础的空间滞后模型。

第四节　模型结果分析

根据邻接空间权重矩阵下的空间滞后模型估计结果见表8-4。

首先，空间自回归系数为0.651905，且通过了1%的显著性检验，表明河北省其他各市基本公共服务均等化水平对本市基本公共服务均等化水平存在显著的正向影响，基本公共服务存在正向的空间溢出效应。究其原因，主要有如下两个方面。一方面，基本公共服务均等化水平高的城市，能够吸引人才等资源的流入，促进经济发展。因此邻近城市与经济发展水平相近的城市之间的基本公共服务竞争更加激烈。另一方面，邻近城市更容易享受到该城市基本公共服务均等化水平提高带来的福利，促进邻近城市之间的基本公共服务均等化水平提高。

然后，根据回归结果人均GDP对河北省各地市基本公共服务均等化影响系数为−0.000440437，对应的P值为0.0000，说明人均GDP对河北省各地市基本公共服务均等化有负向显著影响，但系数比较小，说明随着人均GDP的提高，人民群众对基本公共服务需求在不断提高，但各地市基本公共服务均等化供给没有很好地适应这一变化。

人均一般公共预算支出对河北省各地市基本公共服务均等化水平存在显著性正向影响。人均一般公共预算支出每增长1%，基本公共服务均等化水平平均增长0.00301185%。人均一般公共预算支出反映了一个地区政府的财政支出水平，说明提高政府财政支出水平，有利于促进基本公共服务均等化水平的提升。

一般公共服务支出占一般预算支出的比重对河北省各地市基本公共服

务均等化水平存在显著性负向影响，究其原因在于一般公共服务支出占一般预算支出的比重高的地区经济相对发达，反而在基本公共服务供给方面存在较大的缺口。

人口规模和城镇化水平对河北省各地市基本公共服务均等化水平有着显著的正向影响，影响系数分别为 0.000224619 和 0.345395。说明推动城镇化发展，促进人口规模扩大和人口聚集能较大程度地促进基本公共服务水平的提升。

老年人口抚养比对河北省各地市基本公共服务均等化水平有着显著的正向影响，影响系数为 1.33269。说明人口老龄化的加深会促进河北省各地市加大基本公共服务投入与建设，促进基本公共服务均等化水平的提升。

实际利用外资额（afc）这个影响因素的系数为 0.000113756，对应的 P 值为 0.00000，有着显著的正向影响。这说明河北省各地市在对外开放过程中，实际利用外资促进经济发展和基本公共服务均等化水平不断提升。

一般公共预算支出占 GDP 比重和第三产业占地区生产总值的比重这两个指标影响系数分别为 -1.12269 和 -0.174908，对应 P 值为 0.00000，说明这两个因素对河北省各地市基本公共服务均等化水平有显著负向影响。

最后，所有影响因素的 P 值为 0，表明这些因素对河北省基本公共服务均等化水平有显著影响。但是大部分影响系数较小，说明这些因素虽然对基本公共服务均等化水平有显著影响，但是影响作用还未充分发挥出来；另外有些系数为负值，有可能是遗漏一些无法量化的指标，也有可能是各个影响变量之间存在一定程度的多重共线。

结合上述分析，我们可以看出河北省各市基本公共服务均等化存在显著的空间溢出效应，河北省其他各市基本公共服务均等化水平对本市基本公共服务均等化水平存在显著的正向影响。提高各市经济发展水平和政府财政支出水平与规模，增强政府对基本公共服务的重视程度，加快城镇化进程，充分利用外资等均有利于提升基本公共服务均等化水平。但还需进一步提升这些因素的发展水平，让这些因素真正发挥作用，提升河北省基本公共服务均等化水平。

第九章

推进河北省基本公共服务均等化的对策建议

新形势下，实现基本公共服务均等化是切实保障公民基本权利、改善民生、缩小城乡差距、实现社会公平与正义的有效途径。实现基本公共服务均等化是我国经济社会发展的基本取向和标志，是与一定社会经济基础相联系的具体的动态过程，既是科学发展观在社会领域的基本体现，也是构建社会主义和谐社会的内在要求。但是通过上述几章的分析研究，我们不难发现，河北省基本公共服务非均等化的现象在很多领域都普遍存在，保障基本公共服务均等化这一目标的真正实现就成了河北省各级政府的重要职责。

第一节 完善基本公共服务均等化的财政保障机制

公共财政在不同层面和程度上影响甚至决定着基本公共服务均等化的实现。财政的公共性是基本公共服务均等化的前提，财政的均衡性是实现基本公共服务均等化的重要推动力量，财政供给的充足程度决定了基本公共服务提升的水平。因此，能否真正实现基本公共服务均等化还依赖于政府的公共财政设计。

我国现阶段正处于加强民生建设和促进社会和谐发展的大环境之下，

在这种情况下，河北省应当顺应国家发展的方向，在基本公共服务的建设中重视公共财政的设计，使财政分配更加均衡、合理，提高资金的使用效率，这对于提升河北省公共服务均等化水平具有重要的现实意义。

一、加大政府财政直接投入力度，保障公共服务的基本供给

进入 21 世纪以来，我国经济发展迅猛，财政的保障能力也在逐步提高，这为我国公共服务体系的财政投入打下了坚实基础。随着经济的发展，我国对公共服务体系建设的财政投入也在持续增加，这对于公共服务体系的构建与发展具有十分重要的现实意义。但是相较于我国财政对于其他领域资金的投入比重，我国对于公共服务领域的发展重视程度还存在一定差距，这一现状与我国对公共服务的战略部署和大力支持公共服务事业繁荣发展的主张相矛盾。

进入新时代，实现公共服务供给现代化是推进并实现国家治理现代化的重要内容，这就需要加快改革和完善现代财政制度。党的十九届四中全会对推进国家治理体系和治理能力现代化作出了全面部署，明确提出完善公共服务体系、理顺中央和地方权责关系、优化政府间事权和财权划分等财政制度建设的要求。《中共中央国务院关于新时代加快完善社会主义市场经济体制的意见》中再次强调"加快建立现代财税制度"，并提出了具体要求。财政作为国家治理的基础和重要支柱，不仅要充分保障公共服务供给，更要通过加快建设现代财政制度，全面支撑公共服务供给体系和供给能力的现代化。2021 年，国家发展改革委等 21 个部门发布了《国家基本公共服务标准》，从不同方面、不同层次对我国公共服务事业的发展提出了基本要求，并且明确了各项基本公共服务的保障范围。文件要求各个地区结合实际情况，与国家标准相衔接，评估各地的财政承受能力，并且加大对公共服务的财政投放力度，努力满足公众对于基本公共服务的需求。

河北省应按照《国家基本公共服务标准》的要求，结合自身实际和特点，不断发展和完善基本公共服务的财政制度。河北省政府应制定更加科学合理的财政支出方案，并均衡 11 个城市的财政投入水平，不断探索更加系统化、科学化的资金投入运营模式，以确保所有的财政支出都能够得到充分利用，进而不断提高基本公共服务的供给水平与能力，以满足公众对基本公共服务的需求。同时，为避免财政投入资金被浪费或者无效使用，应当加强财政监管机制的建立，尤其在公共设施建设前期，要增加调研走访环节，尽可能多地了解公众的需求，避免建设的公共设施无人问津、形同虚设。随着公共财政的增加以及政府对公共服务事业发展的大力支持，河北省基本公共服务的供给水平必将得到长足进步，公众的幸福感和满足感必将得到不断提升，并最终促进社会的和谐发展。

二、均衡地区间基本公共服务的投入水平，缩小地区间差异

通过前几章的数据分析不难发现，河北省 11 个城市的基本公共服务发展水平各不相同，各地区之间的差异也较为明显，这一点在财政投入方面也有比较明显的体现，这和我国一直提倡的基本公共服务均等化领域的财政均衡发展相悖。例如，在人均文化旅游体育与传媒预算支出方面，因张家口市筹办冬奥会，国家在各方面加大投入力度，2019 年对张家口市的文化体育与传媒预算支出高达 249810 万元，其投入水平位列河北省第一，远远高出其他城市，更是财政投入力度最低的邯郸的 6.49 倍。财政投入的极大差异反映了各个地区对基础公共服务体系建设的重视程度，一些地区的轻视则必然导致河北省整体基本公共服务水平发展不均衡。

我国为促进基本公共服务的发展从战略高度提出了一些具体要求，这对于公共服务体系的建设具有十分重要的现实意义。各级政府应当严格执行国家出台的相关政策，提升公共服务的保障力度，使其按照标准化进程演变下去。此外，国家还要考虑并制定出对公共服务领域资金投入的全国

统一的最低标准,采取完善政府转移支付的政策手段进一步均衡全国各地基本公共服务的投入水平。在此基础上,加大对公共产品、公共服务等公共性资源的统筹规划与再分配,逐步缩小大、中、小城市之间对公共服务投入的巨大差异,使所有民众能够享受同等条件下的公共服务,最终建立一个人人平等的公共服务体系,实现最公平、最标准化、最系统化、最科学的公共服务体系,以促进社会的和谐发展。

河北省基本公共服务均等化建设发展的最大瓶颈就是资金的总体投入量维持在较低水平,经费保障制度不完善。经济发展较好的地区公共服务体系建设方面的投入水平能够维持在较高水平上,欠发达地区公共文化服务的财政投入所占财政支出的比例虽然也在逐年增加,但是由于历史欠账等问题,整体水平还维持在较低水平上。因此,河北省应加强顶层设计,在加大财政投入力度的基础上,均衡各地区的资金投入水平,确保各地市、各区域在资金使用方面形成高效、稳定的发展态势。同时,河北省还要力争在最短的时间内建设完善相关的政策法规,完善资金使用的制度体系建设,为今后基本公共服务均等化目标的实现创造良好的外部环境。

三、利用多种方式吸引企业及社会力量参与公共服务建设

公共服务的公平性和不具有竞争性、营利性和排他性等特点,导致了政府必然是公共服务体系中的主体且具有主导其发展走向的作用。但是无数实践经验证明,由于受政府财政状况等多方面的限制,如果一个地区单单是将政府作为公共服务供给的唯一主体,而不依赖其他社会力量的支持,公共服务体系建设很难取得持续健康发展。社会力量是指政府组织以外的能够参与到社会公共事务的社会个体与社会组织,包括公民个体、群众团体、事业单位、公司企业、非营利机构等自然人与法人单位。对于公共服务建设而言,社会力量是一支源源不绝的有生力量。因此,我们在加强和完善公共服务体系的建设时,不仅要将政府作为这一体系的主导,还

要积极引导社会各方主体力量参与到对公共服务的建设中，不断改进公共服务的供给方式，促进公共服务良性健康发展。

为加强和创新社会管理，推进政府职能转变，改进政府提供公共服务方式，2014 年 1 月 27 日，河北省政府办公厅印发的《关于政府向社会力量购买服务的实施意见》指出，大力推动政府职能转变和政社分开，实现政府由"养人"向"办事"转变，凡是适宜由社会力量提供的公共服务，政府原则上不再直接举办。2014 年，河北省政府共向社会力量购买 13 个领域的 88 项公共服务，这是河北省在公共服务领域改革的一次重大突破。但就目前来看，河北省各种层次的社会主体对于基本公共服务建设的参与力度并不大，企业与社会力量参与公共服务建设的机制也尚未完全实现。虽然目前也有一些自发的、代表个人的社会力量参与到公共服务的建设中，但相对来说还是太过主观主义，比较片面化，没有形成比较系统的社会力量参与机制。

因此，河北省政府应当制定相应政策与措施，促进各个层面的社会力量积极参与到公共服务体系建设中，并通过机制体制的建立，使参与主体有法可依、有章可循。首先，通过完善公共服务的多渠道投入机制，进一步推广政府和社会资本合作模式，可以考虑在财税优惠、提供补贴等方面加强政策支持，激发社会力量参与公共文化服务的活力。其次，可以借鉴发达国家的做法，通过税收杠杆这一政策对公共服务建设的资金投入进行调节，通过各项激励政策、补贴以及购买等方式吸引更多的企业与其他社会主体力量参与公共服务体系的建设。这样不仅能够缓解政府自身的财政压力，还能为公共服务体系注入更多的新鲜血液，为公众提供更具有创意性和更丰富的基本公共服务。最后，在机制体制建设过程中，必须理顺均等化建设和各地区自行发展之间的关系，搭建均等化发展的制度体系和治理架构。通过发挥和调动政府、社会组织和社会大众的积极性，形成政府主导、社会联动、群众参与的良好格局，让公共服务更好地发挥作用。

第二节　完善基本公共服务均等化的人才保障机制

对于公共服务体系建设来说，人才队伍作为其主体之一，发挥着至关重要的作用。首先，公共服务离不开人，人才队伍建设是公共服务的基本保障。其次，有了人才队伍，才能更好地开展公共服务，使公共服务事业不断发展，让广大人民群众享有更好的公共服务。因此，为使公共服务体系建设得到有效保障，必须实施公共服务人才培养工程，加大人才教育培训投入，完善人才培训机制，提高人才培训质量，增强公共服务能力。

一、调整和优化公共服务人才队伍结构

人才队伍是我国公共服务的创造者与传播者，承担着基础公共服务供给等社会职能，是构建基本公共服务体系的基础力量。目前河北省公共服务人才队伍还存在许多问题，主要表现在数量不足与结构不合理等方面。比如，在博物馆从业人员数量方面，河北省的人才队伍建设表现严重失衡，承德市因其是历史名城及旅游城市等原因，对博物馆建设比较重视，博物馆从业人员数量较其他城市有显著优势。而衡水和邢台2个城市，在博物馆人力资源保障方面表现欠佳，与承德市相差10倍之多。再如，在基本公共教育服务方面，河北省普通小学、初中及高中的生师比都相对均衡；而在中等职业学校生师比方面，河北省存在着较大的差异，除沧州和石家庄2个城市外，其余9个城市的得分均低于全省平均水平，并且分值都较低，反映在中等职业学校师资队伍建设方面还存在明显不足。

因此，为了解决人才短缺与结构失衡等诸多问题，河北省应积极调整公共服务的人才结构，均衡11个城市的公共服务人才队伍建设，进而促进公共服务体系的均衡健康发展。河北省应根据现实情况从以下几个方面

着手对人才队伍的结构进行调整与优化。首先，要根据公共服务体系的发展进程，引进适应现阶段发展的管理型人才和技术型人才，并且将人才引进的重点放在智力引进上，使人才队伍结构更具有专业性。其次，要将可持续发展理念贯彻到公共服务人才队伍的建设中，从顶层设计角度制定与人才建设理念相符合的中长期计划，培养高层次复合型人才，解决人才短缺的问题。最后，应当着重调动人才的学习积极性和创造性，提高人才队伍的活力。同时也要注重人才培养的晋升制度等，完善公共服务人才队伍的结构，促进人才的良性流动，使公共服务人才尽自己最大所能发挥自身才能，促进公共服务快速发展。

二、完善和创新公共服务人才培养机制

目前，要解决我国公共服务人才良莠不齐的问题，不仅需要引入高教育程度与高水平、高层次的人才，还需要从另一层面拓宽人才培养的范畴，尽力培养出专业水平高、政治素养强的科学化公共服务人才队伍。只有加强对人才的培养以及对培养方式的不断创新，才能逐步打造出有自己风格的公共服务人才队伍，才能在此基础上促进公共服务事业的不断发展壮大。

河北省应当从几个方面对公共服务人才培养机制进行完善和创新。首先，应当提升政府的重视程度，将对人才队伍的建设要求作为各层级政府重点关注的内容，为公共服务人才的培养提供更多的制度保障。其次，应该着重培养人才队伍的专业性，培养一批具有较高学术造诣的专家学者，发挥他们在专业领域中的学术影响与名人效应，带动更多的人参与到公共服务的建设中去。最后，应该加大对基层人员的培养力度，通过讲座、培训等形式吸引更多的基层劳动人员参与到基本公共服务体系的建设中，这不仅能够丰富公共服务人才队伍结构，还可以向公众普及更多的基本公共服务知识，提升人们对服务型政府的信任感和满意度。

三、建立和完善公共服务人才竞争和激励机制

河北省还应当建立和完善公共服务人才竞争和激励机制，为公共服务事业的繁荣发展提供良好的人才环境，以培养出创新性强、专业素质过硬、结构合理的公共服务人才队伍，促进公共服务事业的健康发展。

河北省需要从以下几个层面建立和完善公共服务人才竞争和激励机制。首先，应当建立公平公正公开的竞争机制，为培养公共服务专业性人才提供良好的外部环境。其次，应当不断完善人才的培养制度，如采取一些人才激励政策以及完善薪酬分配制度等。通过更加科学专业的手段发挥个体的特长与才能，激发其最大潜能，同时将效率作为各项机制的重点，最大限度地为公共服务事业的发展贡献效能。再次，还应当建立起合理的绩效评估体系，充分激发公共服务人才的创造力与积极性。最后，应当对公共服务领域有重大学术成果产出的人才进行奖励并提高宣传力度，让榜样的力量发挥辐射和示范作用。此外，还应加大对各项相关课题与项目的支持力度，让公众感受到国家对于这一相关领域的重视程度，吸引更多优秀人才参与到公共服务体系的建设中。

任何事物的发展过程都是蜿蜒曲折的，培养一支专业素质水平高的公共服务人才队伍并非易事，需要各级政府的大力支持与科学决策。

第三节　完善基本公共服务均等化的需求导向机制

公众不仅是公共产品的使用者，作为公共服务的受众群体更是公共服务过程的参与者、评价者和监督者。公众对于公共服务的需求属于公民的基本权利和需求，需要经济、政治、社会、文化各类要素协调发挥各自的作用，从而保证公众的公共服务由同质性走向异质性，由单一化走向多样

化，由扁平式走向立体式。事实上，只有承认公众需要存在主客观差异，并以此为基点安排公共服务的生产和供给，才能真正实现公共服务均等化的要求和目标。建立以需要为导向的公共服务供给体系的意义正在于此。

通过上述几章的分析研究，我们不难发现，河北省在公共服务供给方面存在的问题主要有供给不足以及供非所需的问题。例如，在基本公共文化服务方面，沧州市存在着严重的供给不足，其公共文化服务的投入、保障及产出方面均低于河北省平均水平，但其效果得分却位列河北省第一，反映沧州市民众的公共文化活动参与意识较强，但供给严重不足，应该引起有关文化部门的重视，后续公共服务供给方面加大对基本公共文化服务的投入力度，以满足公众高涨的参与热情。再如，张家口在公共文化服务方面存在着严重的供非所需的问题，即供给错位使资源配置流向错误的方向，加剧了公共服务供给结构业已存在的不均衡。张家口市在文化投入方面位列河北省第一，但其效果方面却位列全省第十，说明张家口在文化投入建设方面存在一定的盲目性，没有很好地考虑公众的需求，并且由于服务保障不到位等因素，导致文化服务的高产出并没有很好地迎合公众的喜好，而导致公众参与意识不强，后续应建立以需求导向为指引的公共文化服务体系。

供给方与需求方在公共产品生产和供给过程中存在权利不平等、偏好不一致、沟通不顺畅等一系列问题，并对基本公共服务均等化的实现造成了持久的消极影响。探索供需匹配的社会公共服务供给模式，逐步畅通需求表达机制、公开化的信息公开机制和民众参与的反馈纠偏机制，才能真正做到有效了解民众需求、对接民众需求，并最终满足民众需求。

一、强化需求导向意识，建立便捷畅通的需求表达渠道

在当今社会，民众对于社会公共服务的需求得不到有效表达和传递成为目前影响我国社会公共服务效能提升的一个主要因素。这就需要政府部

门改革原有的"自上而下"的填鸭式服务供给模式，厘清社会公共服务中的个体、群体、层级的不同需求，站在民众和需求者的角度来思考问题，探索出一种"自下而上"的需求供给模式，然后因地制宜地进行有效供给服务。要达到这种社会服务的有效输出，首先就需要充分认清自身的供给层次和供给能力，也要积极更新平台广度，善于畅通民众反馈建议渠道和路径，避免陷入"供不适求"的怪圈，使社会公共服务水平更加适应社会生产力的发展。

政府应倡导建立全方位的社会公共服务的需求表达机制，畅通民众反馈渠道，并以此为立足点和出发点来建立健全适合民众社会需求的服务供给模式。具体来说，河北省应从以下几个角度努力：一是要激发公众对于社会公共服务的表达意愿和诉求，带动民众的热情和积极性。公众积极参与社会公共服务是其能够有效发挥作用的关键，但是有一部分民众的表达方式和权利意识尚未明晰，部分民众主体参与意识不强，使得他们长期处于一种被动接收者的角度来等待服务。因此，政府应倡导加强公共权利意识的宣传和教育工作，提高民众的主人翁意识和社会参与感，双管齐下畅通社会公共服务需求渠道。二是要将宣传表达和民主政治建设相衔接，使民众相信自己的意见表达和反馈建议会对政府的决策制定和方案实施产生积极影响。三是要将需求表达和现代科技紧密结合。政府可以有效地利用多渠道获取民众的意见和呼声。例如，开放社会公共服务市民热线，通过微博、微信、公众号等渠道了解真实的民众需求，在充分了解民众需求的基础上，整合社会资源和服务水平，让社会公共服务改革成果惠及广大民众，让人民感受到公共服务的幸福感和满足感。

二、建立公开透明的公共服务信息发布机制

满足公众的知情权是加强公众同政府部门沟通、互动的重要条件，也是促进公众参与基本公共服务体系建设、完善公共服务体系的重要环节。

只有对政府提供的各项服务有所了解，公众才能将自身的意见和需求更好地反馈给政府，促进政府及时调整基本公共服务的内容和结构。当前，公共参与社会公共服务意识不强的原因除了服务内容不能很好地满足公众需求之外，另一个主要原因就是公共服务信息发布渠道不够畅通，由于缺乏公共服务的前期宣传和推广工作导致公众对各地区公共服务的开展情况不甚了解，无从参与。

首先，应提升政府及其工作人员的服务意识。强化人本观念是建设服务型政府、完善基本公共服务体系的手段，各级政府部门必须时刻将广大人民的根本利益作为其制定政策、方针的出发点和落脚点，真正做到发展为了人民、发展依靠人民、发展成果由人民共享。其次，简化政府信息公开的程序，提升政府信息公开的质量。具体可从两方面入手：一方面，明确政府信息公开的具体内容和范围，何种信息必须公开、何种信息可以公开、何种信息不得公开，应该在法律层面予以明确规定。另一方面，解决政府信息公开"怎么做"的问题。对于政府信息公开的程序、方式进行明确规定，简化公民申请政府信息公开的程序。

构建高效的信息公开机制，是确保各级政府兼顾不同群体、不同阶层利益的重要前提，也是公民参与基本公共服务体系建设、明确自身需求的重要途径。公共服务的最终目的就是惠及民众，吸引广大群众参与其中，因此构建一种政府主导、民众参与、各方合作的社会公共服务体系是必然选择。

三、构建高效的公众需求回应机制

回应是互动的关键，回应机制的稳定性、有效性是确保政府与公众良性互动的根本所在。如果公众需求在基本公共服务供给过程中无法得到及时有效的回应，那么任何形式的制度建设都难免流于形式，基本公共服务体系将无法发挥预期效果。政府回应和公民参与是双向互动、相互促进的关系，对公民需求进行积极有效的回应是培养公民参与热情的前提条件，因为回应体现的不单单是政府对公共服务的关注，更体现出政府对公众利益的重视与强调。随着人民的生活水平和经济收入日益改善，公众对公共服务的需求也发生了改变，从被动接受公共服务到有着更高的诉求和标准，政府必须意识到这种变化，并积极应对，进行公共服务方式的变革和转型。而政府第一时间获得公众反馈的意见和建议，就成为回应机制的前提，只有积极回应公众诉求才能避免供需之间出现不对等和滞后等问题，有效提供公众所需的服务。

健全需求回应机制是缓解目前公共服务领域信息反馈错位和无效的关键措施。互联网的迅猛发展为政府回应提供了难得的机遇，应充分利用互联网和电子政务等多种信息化手段获取公众的需求和反馈，并根据获取信息进一步完善公共服务的供给体系。电子信息技术的应用不仅可以使政府减少行政成本、提高行政效率，还可以通过网络途径对自身提供的各项服务进行满意度调查，并获取公众对有关部门及公职人员的工作态度的信息评价。此外，政府应积极转变观念，增强对网络民意的重视力度，可通过完善舆论反馈的机制（如强化专门的信息部门、建立跨部门的信息沟通和领导机制）、提升政府回应公共舆论的话语能力、有效整合网络空间的政府回应渠道和传统制度性政府回应渠道等途径加强政府回应能力建设。

第四节　完善基本公共服务均等化的设施建设机制

公共服务是 21 世纪公共行政和政府改革的核心理念，包括加强城乡公共设施建设，发展教育、科技、文化、卫生、体育等公共事业，为社会公众参与社会经济、政治、文化活动等提供保障。公共服务设施是指为市民提供公共服务产品的各种公共性、服务性设施，按照具体的项目特点可分为教育、医疗卫生、文化娱乐、交通、体育、社会福利与保障等，是公共服务得以开展的重要物质载体。公共服务基础配套设施的完善与否不仅影响公众可享受的公共服务的水平，而且还能影响公众对于服务型政府的满意度和信任感。

通过前几章的分析不难发现，河北省在基本公共服务设施建设方面还存在着很多不足，主要表现在投入力度不足以及投入设施利用率不高两个方面。例如，在博物馆建设方面，河北省投入水平存在明显的非均衡性，投入最高的为承德市，最低的为邢台市和廊坊市，二者之间相差 4.48 倍。再如，承德市在公共图书馆建设方面投入较高，每万人拥有的公共图书馆数量位列河北省第二，但其公共图书馆的利用率却不高，开展的各类讲座次数及人均参加讲座的次数均位列河北省倒数第二，反映了承德市在利用公共图书馆提供公众服务方面有待进一步提高，高投入的公共设施并没有得到有效利用。

一、加大公共服务设施的投放力度

随着 21 世纪中国经济的迅猛增长以及人民生活水平的日益提高，人们对生活质量的要求也越来越高。在这样的发展趋势下，人们对于基础公共服务设施的要求也随之提高，需求层次也在不断提高。因此，现代社会的城乡建设应当将基础公共服务设施作为建设重点，加大投放力度，增加覆盖范围，致力于将公共服务设施建设打造为新型城市的经济提升点，不断提高服务设施的使用性能，为公众的生活增加舒适感与幸福感。

当今社会，为了加强民生建设，解决我国现阶段人民日益增长的美好生活需要和不平衡不充分的发展之间的矛盾，必须加大对基础公共服务设施的建设。根据前几章的数据分析得知，河北省各地区之间的公共服务设施的投放差距还是比较大的，这一问题仍是河北省公共服务均等化面临的亟待解决的问题。此外，有些综合发展程度较高的城市，其对公共服务设施建设的重视程度却是不够的。例如，石家庄在医疗卫生机构建设投入方面存在很大短板，每万人拥有医疗卫生机构数方面位列河北省倒数第一，需要在后续建设中加大投入力度，保障公民享有基本的医疗卫生服务。除此之外，政府还应该采取一些福利措施，吸引更多的社会力量参与到公共服务设施建设中，以避免政府因占据单一主体而导致的资金紧张等问题，并推动公共服务体系持续健康发展。

二、提高公共服务设施的利用率

公众享受到基础公共服务的水平高低通常可以通过公共服务设施的供给度大小以及利用率的高低来反映。河北省目前的状况是一些地区的公共服务设施使用率比较低，未能最大限度地发挥出服务效能。例如，张家口市在公共图书馆建设方面表现突出，每万人拥有公共图书馆数量位列河北省第一，但在公共图书馆流通人次方面却位列河北省倒数第一，这样巨大的反差应当引起有关部门重视，究竟是公共图书馆的建设未能紧跟时代潮流，设计构造等硬件设施不完备还是软件建设不到位，如藏书种类等无法迎合大众需求，需要在调研的基础上及时调整和完善。此外，为了提高公共服务设施的使用率，政府应当将公众需求作为指引方向建设迎合公众需求的公共服务设施，同时设立严密的监管制度，保障公共设施的合理有效利用。可以通过以下两个方面提高公众对于公共服务设施的使用效果：一是对于公共服务设施进行有序管理，提升管理水平。形成专人负责制，发生问题第一时间有专人进行处理，同时增加更多的工作人员参与到基层的公共服务设施建设中。二是公共服务的建设过程中应当了解不同区域常住人口的自然特征以及公共服务需求，比如通过问卷调查以及社区走访等方式了解各个社区的人口分布状况。如果该地区老年人占比比较大，则应当多建设一些适合老年人的基础设施；如果年轻人占比偏重，则应在基础公共服务的设施建设中注入更多的年轻活力。只有这样才能有针对性地提供适宜的公共服务，增加人们生活的乐趣，提升这一地区人们的整体幸福感。

三、促进河北省基本公共服务均等化的政策建议

基于河北省各地市基本公共服务均等化情况及测度分析结果，我们提出如下促进河北省基本公共服务均等化的政策建议。

（一）健全需求表达机制，不断提升基本公共服务水平和质量

建立健全居民基本公共服务诉求表达和参与机制，能更好地提升基本公共服务水平和质量，提高人民群众的参与感和满足感。基于决策的单向性和信息不对称的特点，我们需要从以下几个方面入手。第一，畅通居民基本公共服务诉求表达机制。通过微信、微博、公众号等现代信息技术手段和渠道，了解居民的基本公共服务诉求和愿望，充分尊重居民的话语权，增强人民群众的满足感。第二，健全居民参与基本公共服务机制。在基本公共服务决策、管理、实施、监督等各个环节，充分发挥居民的积极性、主动性，积极引导社会公众参与其中。由过去的被动服务向主动服务转变，使基本公共服务真正服务于人民群众，增强人民群众的参与感。

（二）不断优化支出结构，重点解决基本公共服务薄弱环节

河北省各地市在财力有限的情况下，不仅要加大基本公共服务投入，而且要不断优化基本公共服务支出结构，重点解决基本公共服务的薄弱环节。一方面，要优化基本公共服务支出内容结构。重点向居民特别关注的教育、社会保障、医疗、就业和住房保障等方面倾斜，真正实现财政资金的合理分配和有效使用。以新型城镇化建设为契机，在新民居建设、城中村改造过程中，统筹协调，合理配置教育、医疗、文化等基本公共服务设施。第二，要优化基本公共服务支出的城乡结构。在乡村振兴战略大背景下，基本公共服务财政支出要向农村地区倾斜，建立有效的财政保障机制，重点支持农村基本公共设施、农业事业发展需要，缩小城乡基本公共

服务差距。一方面加强农村地区师资队伍建设，提升农村地区基本教育投入。结合乡村振兴战略，合理布局农村地区教育资源，实现与城市教育资源共享共建，改善农村地区基础教育办学条件。另一方面，建立健全农村社会保障制度，增强社会保障投入。通过政府、企业、社会多方力量筹措资金，加强农村养老机构建设与发展。同时建立健全农村基本养老保险、最低生活保障、新型农村合作医疗制度，实现农村居民基本社会保障。再一方面，多措并举，实现农村地区医疗卫生服务的提升。通过建立分级诊疗、城乡定期交流制度，实现农村城市医疗资源共享共用。进一步加大对农村医疗机构的投入，促进乡镇卫生院、村卫生室建设，改善其医疗设施和服务。最后一方面，积极拓展就业渠道，加大农村地区就业培训。通过就业帮扶、税费减免、补贴等多种形式，积极为农村剩余劳动力拓展就业渠道。同时加大农村地区就业培训，要因地因人制定适合的培训内容和方法，真正实现培训效果，提升劳动者劳动技能，促进农村地区就业增长。通过这些措施真正满足人民群众对基本公共服务的需求，使全省人民学有所教、劳有所得、病有所医、老有所养、住有所居。

（三）创新社会参与机制，不断完善基本公共服务供给体系

面对地方政府财政收入无法满足不断增长的基本公共服务投入的困境，我们要创新社会参与机制，积极吸纳社会、企业和个人参与基本公共服务建设，鼓励社会和市场成为基本公共服务的供给主体。河北省各地市需要制定政府购买、PPP 模式等相应的制度措施，多种形式拓宽资金来源，形成政府与社会共同配合、以政府为主、多方参与的基本公共服务供给体系，调动全社会力量参与基本公共服务提供，满足人民群众日益增长的基本公共服务需求。

（四）建立评估监测机制，不断提升基本公共服务均等化水平

在基本公共服务不断提升完善的过程中，要建立评估监督机制，不断发现问题，改进基本公共服务质量。结合河北省基本公共服务"十三五"

规划，以民生保障为基本目标，根据河北省基本公共服务均等化测度情况，对基本公共服务的内容和形式能否满足人民群众基本需求进行评估。根据评估结果发现问题，不断提升基本公共服务均等化水平。

参考文献

一、中文文献

(一) 期刊

[1] 程岚，文雨辰．不同城镇化视角下基本公共服务均等化的测度和影响因素研究 [J]．经济与管理评论，2018，34 (06)：106—115.

[2] 胡翠．重庆市基本公共服务均等化水平测度的实证研究 [J]．无锡商业职业技术学院学报，2019，19 (01)：31—36.

[3] 胡彦蓉，刘洪久．省际服务业效率测度及空间格局分析 [J]．统计与决策，2022，38 (11)：83—87.

[4] 黄清观．公共服务均等化视域下深化公安行政管理改革探究 [J]．铁道警察学院学报，2017，27 (05)：109—113.

[5] 李素枝，于向辉，孙立娟．推进基本公共服务均等化 改善民生问题的对策研究 [J]．新西部，2019 (14)：70—71.

[6] 刘春涛，韩增林，彭飞，刘馨阳．辽宁省基本公共服务均等化水平时空格局研究 [J]．地域研究与开发，2016，35 (03)：28—32，45.

[7] 刘小春，李婵，熊惠君．我国区域基本公共服务均等化水平及其影响因素分析 [J]．江西社会科学，2021，41 (06)：77—88.

[8] 马慧强，王清，弓志刚．京津冀基本公共服务均等化水平测度及时空格局演变 [J]．干旱区资源与环境，2016，30 (11)：64—69.

[9] 邱晓峰. 西藏自治区基本公共服务均等化水平测度 [J]. 山西农经, 2018 (12): 2—5.

[10] 孙娜, 刘政永. 河北省基本公共服务均等化测度及空间格局分析 [J]. 统计与管理, 2020, 35 (01): 34—39.

[11] 孙娜, 刘政永. 河北省基本公共服务均等化水平测度及其影响因素分析 [J]. 统计与管理, 2023, 38 (01): 51—60.

[12] 唐娟莉. 河南省区域基本公共服务均等化水平测度 [J]. 统计与决策, 2016 (07): 58—61.

[13] 王丹宇. 甘肃省基本公共服务均等化测度分析 [J]. 开发研究, 2017 (03): 134—139.

[14] 王珊. 长三角基本公共服务均等化及影响因素分析 [J]. 铜陵学院学报, 2021, 20 (05): 34—38, 54.

[15] 熊兴. 三峡库区基本公共服务均等化水平的测度及影响因素分析 [J]. 重庆文理学院学报 (社会科学版), 2016, 35 (04): 147—156.

[16] 熊兴, 余兴厚, 王宇昕. 我国区域基本公共服务均等化水平测度与影响因素 [J]. 西南民族大学学报 (人文社版), 2018, 39 (03): 108—116.

[17] 许光建, 许坤, 卢倩倩. 我国基本公共服务均等化研究: 起源、进展与述评 [J]. 扬州大学学报 (人文社会科学版), 2019, 23 (02): 41—49.

[18] 许坤, 卢倩倩, 许光建. 基本公共服务均等化与消费扩容升级——基于面板模型和面板分位回归数模型的分析 [J]. 经济问题探索, 2020 (06): 28—42.

[19] 杨永森, 赵琪, 李亚青. 山东省基本公共服务均等化测度及空间格局分析 [J]. 山东农业大学学报 (社会科学版), 2017, 19 (02): 69—76, 126.

[20] 张建国. 富国强民：改革开放四十年之经验 [J]. 金融理论探索，2019 (01)：7—11.

[21] 张建清，严妮飒. 长江中游城市群基本公共服务均等化的测度与特征分析 [J]. 生态经济，2017，33 (01)：102—106.

[22] 张芊，尹福禄. 省级基本公共服务均等化评估指标体系构建与测度 [J]. 经济研究参考，2018 (34)：44—52.

[23] 张青. 基本公共服务均等化实现的制度保障及推进举措 [J]. 广东省社会主义学院学报，2017，(01)：100—102.

[24] 张青，余志虎. 主体功能区间基本公共服务均等化的财政政策研究 [J]. 安徽行政学院学报，2011，2 (02)：21—25.

[25] 赵子键. 京津冀基本公共服务均等化水平测度 [J]. 商，2016 (23)：78.

[26] 赵紫荆，王天宇. 城乡居民医保整合对农村居民城市定居意愿的影响——来自中国劳动力动态追踪调查的证据 [J]. 保险研究，2021 (12)：97—119.

(二) 学位论文

[1] 陈会然. 河北省基本公共服务均等化实证研究 [D]. 燕山大学，2019.

[2] 房翔. 基本公共服务均等化的测度及影响因素分析 [D]. 云南财经大学，2015.

[3] 胡赛赛. 县域基本公共服务均等化问题研究 [D]. 河南大学，2021.

[4] 黄水仁. 我国各区科技创新的差异性及其影响因素研究 [D]. 广东财经大学，2022.

[5] 贾琳琳. 新疆区域经济差异及其影响因素分析 [D]. 新疆财经大学，2020.

[6] 解怡. 地区间基本公共服务均等化问题研究 [D]. 吉林大学, 2010.

[7] 李娟. 公共文化服务水平综合评价与提升路径研究 [D]. 天津大学, 2015.

[8] 李勇辉. 北京市空气质量的空间统计分析研究 [D]. 华北电力大学（北京）, 2019.

[9] 连晓楠. 河北省县域经济发展水平演变与影响因素分析 [D]. 河北师范大学, 2022.

[10] 刘贵勇. 我国基本公共服务均等化及影响因素研究 [D]. 浙江工商大学, 2021.

[11] 马如意. 街道尺度下成都市域基本公共服务供给机制研究 [D]. 电子科技大学, 2022.

[12] 彭兰兰. 基本公共服务均等化对西藏城乡融合发展的影响研究 [D]. 西藏大学, 2023.

[13] 强茹娟. 安徽省基本公共文化服务区域均等化研究 [D]. 河北大学, 2022.

[14] 束磊. 转移支付对地区间基本公共服务均等化的影响研究 [D]. 上海财经大学, 2021.

[15] 王波. 城乡基本公共服务均等化的空间经济分析 [D]. 首都经济贸易大学, 2016.

[16] 王鹏. 国土空间规划背景下河北省县域基本公共服务均等化测度和时空分异研究 [D]. 河北地质大学, 2022.

[17] 魏鸣乾. 地方政府基本公共服务供给能力提升研究 [D]. 西北师范大学, 2018.

[18] 杨洋. 中原经济区基本公共服务均等化水平测度及时空格局研究 [D]. 河南大学, 2017.

［19］张健悦.我国基本公共服务均等化水平测度与影响因素研究［D］.中国财政科学研究院，2022.

［20］张青.基于主体功能区视角的基本公共服务均等化研究［D］.安徽大学，2011.

［21］张蓉.西部地区基本公共文化服务均等化测度与影响因素研究［D］.兰州大学，2022.

［22］张妍彦.城市内部基本公共服务均等化研究［D］.东北财经大学，2019.

［23］赵琪.山东省基本公共服务均等化测度及空间格局分析［D］.山东农业大学，2017.

［24］郑昕桐.长三角城市群基本公共服务均等化水平及其影响因素研究［D］.上海财经大学，2021.

［25］祝翠悦.供给侧结构性改革背景下区域健康服务业协同发展评价研究［D］.天津中医药大学，2021.

二、英文文献

［1］Batley R, Mcloughlin C. The politics of public services: A service characteristics approach ［J］. World Development, 2015, 74: 275—285.

［2］Broadbent J. Reclaiming the ideal of public service ［J］. Public Money & Management, 2013, 33（6）: 391—394.

［3］Cuadrado‐Ballesteros B, Prado‐Lorenzo J M. Effect of modes of public services delivery on the efficiency of local governments: A two‐stage approach ［J］. Utilities Policy, 2013, 26（5）: 23—35.

［4］Fairman S. Collaborative governance for innovation in the national health service: early reflections on the development of academic health science networks ［J］. Public Administration Review, 2013, 73（6）: 831—832.